Desmitificando el Escritorio Virtual

Comenzando con la Virtualización de Escritorios

Michael Fox

Interpretado por Idoia Uriarte

Michael Fox

Visit book website at www.demystifyingthevirtualdesktop.com

Printed in the United States of America

First Printing: October 2010

ISBN - 978-1-46628-479-1

Título original: Desmystifying the virtual desktop

Traducción: Idoia Uriarte

Michael Fox
Visite la web del libro en www.desmitificandoelescritoriovirtual.com

Impreso en Estados Unidos de América

Primera Edición: Octubre 2010

ISBN - 978-1-46628-479-1

A mi mujer Melanie. Gracias.

Agradecimientos

Hay mucha gente a la que quiero dar las gracias por su ayuda con este libro. A los revisores, gracias por vuestra contribución y soporte. Todos vosotros habéis hecho de este libro un libro mejor.

A Michelle y Melanie, mis editoras, gracias por ayudarme en lo que parecía ser una tarea interminable de escritura y reescritura. Este es un libro legible gracias a vosotras.

A Bill Ayers del San Francisco Writers Community, tu consejo y perspectiva única me han sido de gran valor.

Gracias a todos y cada uno de vosotros, así como a mis amigos y familiares, por vuestras aportaciones, ideas y consejos.

En orden alfabético:

- Bill Ayers de San Francisco Writers Community
  Asesor
- Guise Bule de TuCloud
  Revisor
- Michelle Burns de The Word Zone
  Editora
- Melanie Fox
  Editora
- Tim Grosshuesch de IVDesk
  Revisor
- Kashif Khwaja de EMC
  Revisor
- Aaron Kizer de Dell
  Revisor
- Natalie Lambert de Citrix
  Revisor
- Dave Payne de Payne, Inc.
  Asesor
- Dave Stark de EMC
  Revisor

Me gustaría dar un agradecimiento especial a Idoia Uriarte. Por su dedicación y esfuerzo ha sido posible la publicación de esta versión del libro, por ello se merece mucho más que la gratitud que le presento.

Idoia es emprendedora en el sector de la virtualización de escritorios en España. Es cofundadora de una de las mayores empresas especializadas en la virtualización de escritorios que opera a nivel mundial y trabaja activamente en la expansión de los escritorios virtuales. Si encuentras este libro interesante o si tienes preguntas, envíanos tus comentarios a book@idoiauriarte.com.

Contenido

Introducción:
Cambiando el juego

Muchos de nosotros estamos acostumbrados a los flagrantes cambios tecnológicos. Cada año hay nuevos teléfonos, ordenadores más rápidos, dispositivos electrónicos portátiles más pequeños, nuevas maneras de obtener información y mayor velocidad de acceso a internet. Las innovaciones tecnológicas se anuncian en los noticiarios junto con los acontecimientos más relevantes del mundo, y nos mantienen "a la espera" del siguiente avance tecnológico. De hecho, algunos se han convertido en parte tan importante de nuestra vida cotidiana que nos preguntamos "¿Cómo era la vida antes de disponer de todo esto?"

¿Qué pasa con las tendencias que no son tan llamativas pero igual de influyentes? La virtualización de escritorios es un cambio tecnológico que está ocurriendo *ahora mismo* y pronto cambiará completamente la forma en que utilizamos nuestras computadoras para hacer nuestro trabajo. Entonces, ¿Qué significa realmente la virtualización de escritorios? Es probable que si está leyendo este libro ya sospeche que algo grande está ocurriendo. Tal vez alguien le ha hablado de esta idea o tal vez está a punto de dar el paso hacia esta tecnología. O incluso podría ser que ya lo está experimentando.

La virtualización de escritorios no es una tecnología flagrante. Y puede que nunca lo sea. Es una tecnología que provoca un cambio.

Frente a la virtualización de escritorios, se ha producido un incremento en el uso de la virtualización de servidores debido a que las organizaciones han descubierto que es una idea que tiene sentido. Se comienza instalando un hipervisor en el servidor físico y sobre él se pueden ejecutar múltiples servidores virtuales. El resultado es que se separa el sistema operático del hardware sobre el que se ejecuta. Las máquinas virtuales resultantes son fáciles de mover, gestionar y de realizar copias de seguridad.

Al disponer de la capacidad de instalar miles de máquinas en el marco de un sistema de gestión virtualizado, las organizaciones reducen sus costes en servidores, sus costes de gestión y sus costes de operación. Estos factores son muy claros y fáciles de entender.

Mientras se adoptaba la virtualización de servidores, maduraron las tecnologías que conforman la virtualización de escritorios. Ya existían algunos diseños para los escritorios virtuales, pero solo se conocían dentro de las pequeñas comunidades técnicas. Algunas de las tecnologías que las componían eran muy maduras, en términos técnicos, *obsoletas*. Estaban siendo utilizadas para dar servicio a millones de usuarios en todo el mundo. Muchos todavía están en funcionamiento y algunos seguirán funcionando.

Así ocurrió. En algún momento, en algún lugar, el escritorio virtual se convirtió en algo muy real. No fue por causa de un solo factor, fue más el hecho de que los componentes se refinaron lo suficiente como para unirlos y resolver problemas. Si una solución está bien implementada, puede transformar completamente la experiencia del usuario del PC. Puede hacer que sea más rápido y más fácil de manejar. Lo puede poner en lugares más seguros o en otros menos accesibles. Puede hacer que funcionen como una aplicación y hacerlos mucho *más fiables*.

Sin embargo, si la implementación no es la correcta, su creación se vendrá abajo y provocará una enorme frustración en sus empleados, por no hablar de una reducción significativa de los ingresos empresariales y de la productividad. Aunque mejorar la experiencia del usuario y aumentar la productividad son los aspectos más importantes de la virtualización de escritorios, puede que no sean los requisitos para su proyecto en particular.

Un simple escritorio virtual no es difícil de entender, pero la complejidad de un sistema con cientos de miles de escritorios puede llegar a ser abrumadora. Hay muchas variables, cada una de ellas con interdependencias técnicas y de negocio, y docenas de combinaciones tecnológicas, diferentes opciones de diseño y el potencial de impactar en los negocios establecidos y procedimientos técnicos.

La innovación en esta área es rápida y trae consigo grandes cantidades de material de marketing. Este material está escrito para obtener una respuesta sobre su audiencia – pero deja a la mayoría de la gente con ideas y conceptos poco claros, y muchas veces con más preguntas que respuestas.

Este libro no responderá a todas sus cuestiones sobre los escritorios virtuales, pero...

- le dará una base sólida para comenzar a construir su conocimiento sobre el mundo de los escritorios virtuales,

- le ayudará a dirigir a los usuarios de esta tecnología por el camino correcto,

- le describirá cuales son las decisiones a tomar cuando comience a trabajar con estas tecnologías,

- le expondrá algunos de los cambios más excitantes que los escritorios virtuales pueden traer a su empresa, y

- le mostrará la "visión global" de los conceptos técnicos que necesita saber de una manera fácil de entender, no técnica y directa.

En lo personal, cuando comencé a escribir este libro, el objetivo era simple. Quería poner a disposición de la gente con la que hablaba todos los días acerca de estas tecnologías un recurso para aumentar sus conocimientos y aclarar sus dudas sin que tuvieran la necesidad de tener conocimientos técnicos previos. Con este libro pretendo afianzar el conocimiento general acerca de los escritorios virtuales y facilitar consejos prácticos acerca de cómo empezar a trabajar con los diferentes componentes. Espero que los lectores ahorren algo de dinero y obtengan más éxito diseñando mejor sus proyectos y ejecutándolos con más efectividad.

He creído importante escribir este libro de una manera totalmente agnóstica y sin ningún tipo de vinculación con ningún proveedor. Al hacerlo de esta forma, pretendo potenciar a mis colaboradores independientemente de las tecnologías que vendan o implementen. Quiero facilitarles un recurso que puedan utilizar para ayudar a todos los responsables que toman las decisiones a comprender cómo empezar su viaje en el mundo de los escritorios virtuales.

Cada día cientos de millones de personas utilizan PCs de sobremesa para hacer su trabajo. El PC es una pieza fundamental de la tecnología moderna. Es una de las herramientas más importantes de la era moderna. Pero ahora hay gente como yo trabajando para cambiarlo. Para mejorarlo. Para *virtualizarlo*.

Comencemos — Tenemos cientos de millones de escritorios que transformar.

Capítulo 1:
Los usuarios son personas. Los usuarios son empleados. A veces los usuarios son simplemente usuarios.

Los clientes más importantes de un proyecto de escritorios virtuales son los usuarios que van a utilizar esta tecnología para hacer su trabajo. Antes de comenzar un debate o tomar alguna decisión sobre los escritorios virtuales, es importante que entienda que los usuarios son personas, pueden ser empleados, pero generalmente son simplemente usuarios. Si no lo ha hecho, a partir de ahora debe situar a sus usuarios en un pedestal y tomar todas sus decisiones mientras ellos le preguntan:

"¿Esta solución funcionará para mí?"

Las tecnologías de escritorio virtual pueden mejorar dramáticamente la experiencia del usuario o pueden reemplazar el escritorio actual prácticamente sin que se noten los cambios. Estas tecnologías serán las herramientas del cambio de juego para los usuarios, empleados y compañeros de trabajo.

Los múltiples componentes de los escritorios virtuales se definirán más adelante. De todas maneras, si la virtualización es algo totalmente nuevo para usted, todo lo que necesita saber en este punto es que la virtualización es un término que define un tipo de tecnología que lo que hace es insertar una capa de abstracción entre los elementos técnicos. La mayoría de las veces se habla en términos de virtualización de servidores y sobre la idea de que los sistemas operativos de los servidores se ejecutan sobre otras piezas de software llamados hipervisores. Estos servidores resultantes se llaman *máquinas virtuales*, ya que a todos los efectos funcionan exactamente igual que los servidores físicos comunes.

A diferencia de los servidores, la virtualización de escritorios no implica únicamente la abstracción del sistema operativo del hardware, sino que también hay que abstraer las aplicaciones del sistema operativo y las configuraciones de usuario de las aplicaciones. A menudo implica la supresión del PC físico del usuario final. Un escritorio virtual se compone de una serie de diferentes partes o capas que funcionan juntos para crear el escritorio del usuario. El resultado es que puede operar más rápidamente o con menos errores. Los datos que utiliza pueden ser almacenados de forma centralizada para aumentar la seguridad. Los usuarios pueden acceder a sus aplicaciones de múltiples maneras y desde más de un tipo de dispositivo. Si bien se ve y actúa como un escritorio físico, un escritorio virtual representa a varias capas de abstracción trabajando juntos para presentarse ante el usuario final.

Entonces ¿Qué ocurre con los usuarios, las personas y los empleados? ¿Por qué el primer capítulo de un libro sobre virtualización de escritorios habla sobre los usuarios, las personas y los empleados? Simplemente porque la gente que usa los escritorios virtuales son los que determinan si la tecnología se aplica de una manera eficaz y usable. Si los usuarios tienen una mala experiencia, la solución no está funcionando bien, por lo que reducirá su satisfacción y su productividad.

Aviso — las opiniones de usuarios, empleados y otras personas pueden mostrarle otros aspectos que no los había contemplado antes. De hecho, puede ser incomodo para aquellos que no suelen tener a los usuarios en alta estima o no tienen en cuenta que es lo mejor para ellos.

La Gente es Diferente

Comencemos con su primera lección en materia de tecnología de escritorio virtual. Usted y por extensión las tecnologías de virtualización de escritorios de su empresa, tratan con personas, no con usuarios ni empleados. Cada uno de nosotros es diferente, especial y único. Tomemos la primera palabra de la lista —*diferente* — y examinemos por qué esta palabra es tan importante y relevante para los escritorios virtuales.

Cada persona de su empresa tiene necesidades tecnológicas que difieren ligeramente de los demás. ¿No lo cree? ¿Todas las personas tienen el monitor o el teclado en la misma posición ? ¿Y la resolución de la pantalla? ¿La ubicación? ¿Las horas? ¿Las aplicaciones? La respuesta a esta pregunta es obviamente no. Ninguno tiene las mismas necesidades tecnológicas que su compañero. Esta es una verdad simple, pero que puede tener consecuencias profundas en la manera de pensar sobre las personas y la aplicación de las tecnologías en su empresa.

Para hacer frente al problema de las necesidades de cada persona, lo más habitual es agrupar a las personas en diferentes grupos. Generalmente estos grupos se alinean en torno a una determinada función o rol. A veces hay muchos grupos y subgrupos muy personalizados. Otras veces, hay muy pocos grupos con poca o ninguna diferenciación. Una vez que las personas son agrupadas y se gestiona su configuración, se puede decir con confianza y a veces hasta con arrogancia, que estamos identificando sus necesidades tecnológicas.

Este tipo de abstracción se puede hacer cuando se tiene en cuenta las necesidades de los diferentes grupos. Por ejemplo, un centro de llamadas o Call Center, puede tener escritorios con dos monitores que acceden a un número de aplicaciones. Un grupo de vendedores puede tener portátiles que acceden remotamente a las aplicaciones para permitirles trabajar desde cualquier lugar. Aún con estos grupos y niveles de personalización moderados, a la mayoría de la gente en la mayoría de las organizaciones se les facilita una serie de aplicaciones que son relativamente equivalentes.

Dentro de estos grupos de nivel superior, las organizaciones direccionan por separado (o puede que no) las necesidades de cada subgrupo, y a veces de cada individuo. Esto suele hacerse mediante la adición o eliminación de ciertas aplicaciones, cambiando los parámetros de los sistemas o la configuración de la seguridad. Los usuarios pueden tener permisos para personalizar su escritorio, cambiar la resolución de la pantalla e incluso realizar cambios a ciertas aplicaciones.

Esta es básicamente la forma en la que se ha trabajado durante los últimos 20 años. Con nuevas versiones de Windows, el resurgimiento de Mac, ordenadores más potentes, la introducción del acceso remoto, redes inalámbricas, doble pantalla y un montón de otras adiciones, se han dado una gran cantidad de cambios en este ámbito.

De hecho, los cambios en total tendrían un valor de miles de millones de dólares.

Las empresas con frecuencia utilizan otras tecnologías que también entran a formar parte del escritorio, tales como la computación basada en servidores o "Server Based Conmputing", virtualización de sesión "Session Virtualization", Software como servicio (aplicaciones web) y aplicaciones virtuales (hablaremos sobre ellas más adelante). Aún teniendo estas tecnologías, seguramente su enfoque sobre los escritorios y sus usuarios será bastante tradicional. La solución actual es un PC o un portátil con las aplicaciones instaladas, alguna personalización y puede que algunos servicios basados en Server Based Computing, utilizados para resolver los problemas específicos de las aplicaciones que componen la solución que se ofrece.

Para muchas personas de su organización, esta solución funciona relativamente bien. Probablemente está cubriendo muchas de las necesidades de las personas que trabajan en su empresa y están generalmente satisfechos con su PC, sus aplicaciones y los límites que presenta en cuanto a su flexibilidad. Cuanto se da este caso, debemos dedicar nuestro tiempo en examinar y considerar de que manera los escritorios virtuales pueden proporcionar una mejor experiencia de usuario, o si la ejecución se llevará como parte de una actualización a sistemas más actuales. Los escritorios virtuales tienen la capacidad de imitar la configuración tradicional, a menudo de manera potente y súper eficiente, reduciendo el coste total de propiedad. Prácticamente la totalidad del proyecto de escritorios virtuales puede justificarse con esta única base.

Anteriormente hemos establecido que las personas de su organización tienen diferentes necesidades tecnológicas. ¿Qué conoce sobre sus características únicas? ¿Su departamento técnico tiene en consideración que algunos usuarios son pacientes, mientras que otros son extremadamente impacientes? ¿Algunos empleados trabajan de noche y otros sólo de 8 a 5? Si su equipo se ha encargado de conocer estos aspectos, ¿Los resultados han sido positivos? ¿El personal está en general contento con sus sistemas de tecnología?

Si los empleados no están contentos con el personal que administra sus escritorios, será complicado conseguir su participación para una prueba de concepto y actividades piloto sobre los escritorios virtuales. Durante las primeras etapas de un proyecto, la capacidad de probar y obtener resultados de los usuarios es un elemento importante para lograr el éxito. Debido a esto, es imprescindible que examine cuidadosamente los casos de uso de los escritorios virtuales y la comunidad de usuarios. Si un grupo de usuarios particular es poco amistoso u hostil hacia el proyecto, considere diferentes grupos o aproximaciones para mejorar la experiencia de dichos usuarios con la tecnología. Como ejemplo podríamos decir: aumentar la atención prestada, una selección tecnológica más cuidadosa y un análisis detallado de las características del uso de los equipos.

Los Empleados Tienen Normas

Las características de los ordenadores se ajustan con una mayor eficiencia cuando se consideran las necesidades de los *empleados*. Como personas que son, es posible que quiera dar a todos acceso a las aplicaciones desde casa, pero como empleados, esto representa demasiado riesgo en cuanto a la seguridad y puede que el coste del soporte sea demasiado elevado. Como personas que son, quiere que todos tengan el teléfono móvil que les gusta usar, pero como empleados, todos necesitan tener Blackberries ya que esta es la plataforma que el equipo técnico decidió utilizar. Se puede ver que mediante la **abstracción** de estos grupos de personas a empleados, se crean normas y reglas en torno a la tecnología que utilizan para lograr sus objetivos y con frecuencia se define la forma en que lo usan.

Algunas de estas normas podrían derivarse de la situación de un usuario o de un departamento. Por ejemplo, si los usuarios tienen ordenadores de sobremesa, es poco probable que puedan trabajar fuera de la oficina. Si este usuario trabaja a distancia, es probable que esté transportando información en dispositivos externos o enviándose correos a su cuenta de correo electrónico, cualquiera de estas opciones violan la política de seguridad de la empresa. Otras normas pueden estar relacionados con las políticas de TI tales como el uso de Windows 7 con la versión estándar de Microsoft Office 2010. Estos reglamentos podrían estar en curso en lugares en los que los PCs pasan por un ciclo de vida y cada 4 años se reponen. En algunos casos, las reglas y las normas pueden afectar directamente a la productividad personal, pueden crear frustraciones diarias e incluso disminuir la moral.

Podemos imaginar esta situación fácilmente tomando como ejemplo una aplicación de CRM nueva que se ejecuta lentamente y afecta al flujo de llamadas de salida del personal de ventas. Si esta aplicación se implementa en el medio del ciclo de vida del PC y no se hace nada para resolver los problemas, el personal de ventas estará frustrado, y de hecho ganará menos ya que su capacidad para procesar los pedidos se verá comprometida.

Mientras lee este libro, piense en los diferentes aspectos de las tecnologías de escritorio virtual y cómo se relacionan con las *personas* que trabajan para su empresa. También debería de considerar el impacto que tienen sobre los *empleados* que trabajan en su empresa. Una vez que lo haya hecho, hable con sus trabajadores acerca de sus escritorios. ¿Qué software va lento? ¿Se utilizan dos monitores? ¿Trabajaría desde su casa si tuviese la posibilidad de hacerlo? ¿Qué tipo de PC tendrían si pudieran elegir entre todos los del mercado? ¿Necesitan acceso a páginas de Internet que actualmente no pueden acceder utilizando el PC corporativo? Hay docenas de preguntas que hay que hacer para conseguir una comprensión del impacto de la tecnología de escritorio virtual en los usuarios.

En el capítulo 3 se explica cómo evaluar su entorno de escritorio virtual utilizando herramientas automatizadas, pero también será necesario hablar con los usuarios sobre la tecnología que está previsto ejecutar. Considere a los usuarios finales como expertos en la materia del comportamiento de su escritorio corporativo particular. Si realiza una evaluación automatizada y habla directamente con los usuarios, estará en la etapa inicial del proceso de la recogida de información. Cuando conoce cuales son las normas para los grupos de usuarios y ha hablado con diferentes usuarios de los grupos para conocer los problemas actuales que dichos usuarios tienen con sus escritorios, puede comenzar a analizar y a tomar decisiones sobre las tecnologías de escritorio virtual.

Ahora es el momento de centrarse en una de las cuestiones más fundamentales de una implementación de escritorios virtuales:

¿Qué ocurre cuando los usuarios de la empresa cambian su herramienta principal de trabajo?

Las respuestas a esta pregunta pueden variar drásticamente. Si el camino que se toma es la de convertir directamente el escritorio físico en uno virtual, el usuario experimentará una interrupción mínima. En las condiciones adecuadas y con el diseño adecuado, el riesgo global para el usuario a la hora de implementar una solución de este tipo puede ser bastante bajo.

Por otro lado, podemos particionar el escritorio en aplicaciones esenciales y a continuación hacer que cada pieza sea totalmente autónoma para que pueda operar en prácticamente cualquier tipo de dispositivo. Imagine que un usuario quiere acceder a una aplicación muy antigua desde un dispositivo tablet moderno. Situaciones como esta son muy frecuentes y a menudo es lo que los directivos de los negocios piden, o al menos que se contemplen este tipo de situaciones.

Antes de tomar cualquier decisión acerca de los usuarios, es importante conocer cómo van a afectar los escritorios virtuales a las personas en el nivel más básico. Por ejemplo, con las decisiones adecuadas, tiene la posibilidad de permitir nuevas formas de acceso a la información. Con las decisiones equivocadas, puede deshacer años de formación y expectativas. A medida que su empresa comienza a trabajar con la virtualización de escritorios, es fundamental que se dé cuenta que hay *empleados* utilizando estas tecnologías como herramienta principal para realizar su trabajo.

No importa que los escritorios virtuales reduzcan el coste o que hagan que el departamento de TI sea más eficiente, si el cambio genera frustración en los usuarios, reduce la productividad de los empleados, ofrece una experiencia de usuario pobre o genera una desaceleración en el negocio.

¡Podemos decirlo en voz suficientemente alta y clara!

Los Usuarios También son Personas

Comprender que los usuarios son personas es especialmente crítico para el personal de TI, quienes a menudo abstraen a las personas a un término muy general: el *usuario*. Muchas personas que utilizan aplicaciones se convierten en genéricas y se habla de ellas con términos muy genéricos, a veces con desprecio o descuido. Un buen ejemplo de ello es la capacidad de almacenamiento de su correo electrónico. El correo electrónico es una aplicación crítica para el trabajo diario de muchos empleados. Algunos empleados envían archivos adjuntos en sus correos o mantienen los emails guardados ya que acceden continuamente a ellos para obtener información. A menudo sucede que los empleados no pueden enviar un archivo porque no hay suficiente espacio en su buzón. Con el fin de enviar dicho correo, los empleados pueden llegar a borrar mensajes, algunos de los cuales pueden ser importantes, simplemente debido a que su espacio de almacenamiento es de, por ejemplo, 500MB.

El equipo técnico ha establecido las cuotas por unas buenas razones, tales como la de mantener el sistema manejable y operativo. Pero en el ejemplo anterior, esto genera un problema – El usuario no puede enviar un correo electrónico debido a que el archivo adjunto es demasiado grande y no tiene otra forma de transferencia de archivos. El usuario está teniendo una mala experiencia y sufre una pérdida en su productividad. ¿De quién es este problema?

Algunos departamentos de TI tratan a los usuarios como personas, y entienden que se trata de un incidente de bajo nivel. El usuario no puede enviar el correo electrónico, por lo tanto no es capaz de ser productivo. En este caso, el resultado probablemente será la de algún tipo de asistencia o formación para resituar al usuario en su estado productivo sin variar las cuotas. En la misma situación, otros departamentos de TI pueden tener dificultades a la hora de gestionar una solicitud de este tipo, por lo que lo podrían etiquetar como sin importancia ya que tan sólo "es una cuestión de cuotas de almacenamiento" y lo gestionarían situándolo en la categoría de solicitud de servicio. Incluso algunos departamentos de TI podrían decidir arbitrariamente, ignorar las normas de la empresa y eliminar la cuota individual por completo.

La Productividad es la Clave de la Rentabilidad

Piense en cómo sería hacer frente a un problema similar, pero con los escritorios virtuales. ¿Qué sucedería cuando una tarea administrativa que pensaba que sería muy sencilla, como puede ser actualizar una aplicación en 1000 escritorios con solo 3 clics, fracasa y se pierde el acceso a esa aplicación durante un día entero? La consecuencia más inmediata sería la pérdida de productividad y su impacto sobre el negocio. Imagine como sería un día entero sin email o sin el procesador de textos. Con los escritorios virtuales, un pequeño problema con la infraestructura o con las aplicaciones puede generar un problema importante, revertiendo los cálculos de TCO y de las ganancias de la empresa.

Siendo realistas, el departamento de TI probablemente pondrá a prueba la actualización de la aplicación antes de realizar el cambio total en producción. Si la actualización resulta problemática, el cambio podría ser eliminado con tres clics más. Puede que la aplicación haya estado caida durante una hora y que la empresa haya perdido unos cientos de horas en tiempo productivo. Pero este ejemplo simple ilustra un mensaje importante que debería estar incluido en todos los debates en los que se elogie los grandes beneficios que ofrecen los escritorios virtuales—*los escritorios virtuales puede afectar a los empleados y a su productividad.*

Pregunte siempre y sea capaz de responder preguntas acerca de cómo los cambios en los escritorios virtuales pueden afectar a los empleados y en su productividad. A veces estos cambios pueden tener un impacto positivo, como la posibilidad de que los usuarios puedan trabajar desde casa cuando hay mal tiempo. Por otra parte, realizar el mantenimiento del sistema en un pico del uso del sistema, aunque *supuestamente* no debería de causar ningún problema, en realidad podría disminuir el rendimiento del sistema para todos los usuarios. La actualización de un acceso directo para todos los usuarios al iniciar la sesión se puede realizar en cualquier momento, siempre y cuando el cambio se haya probado y no haya ni el más mínimo riesgo de causar un problema. A veces los grandes cambios en los escritorios virtuales tienen pocos o ningún impacto en los usuarios finales, mientras que otras veces unos pequeños cambios pueden afectar a miles de máquinas virtuales.

Escritorios virtuales: Un Ejemplo del Mundo Real

Cuando se habla de los efectos de los escritorios virtuales, los Call center o centros de llamadas son ejemplos excelentes, con ellos podemos ilustrar claramente los beneficios y desafíos que los escritorios virtuales pueden proporcionar a los grupos de empleados. En un Call Center se concentran un gran número de empleados que pueden o no estar cerca de la central telefónica. Hoy en día, muchos Call Centers están repartidos por todo el mundo y sus sistemas funcionan las 24 horas del día.

Conozcamos a George. El dirige un Call Center en un negocio muy difícil— las *colecciones*. Antes de implementar los escritorios virtuales en tres secciones de su empresa, los empleados tenían ordenadores estándar. Los datos del cliente se almacenaban en el edificio de la oficina principal y los PCs de los usuarios del centro de llamadas funcionaban bastante bien. El principal problema que tenía George era que los sistemas no eran suficientemente seguros para los clientes Fortune 500. Estos son clientes importantes que realizan auditorías técnicas de seguridad con más de 1200 cuestiones.

Una de las prioridades del departamento de TI fue trasladar la información a un centro de datos más seguro con los procesos necesarios y sistemas de seguridad adecuados. Este proyecto, con sus complejos programas y utilizando los PCs de los que disponían, tenía un coste prohibitivo. El gasto se debió en gran parte al tipo de infraestructura necesaria entre las oficinas y el centro de datos. Por desgracia, no podían evitar estos costes de infraestructura debido a los requisitos de sus principales aplicaciones empresariales. Cambiar las aplicaciones no era una opción – demasiado caro y demasiado perjudicial para el negocio.

La discusión sobre los escritorios virtuales inició cuando George comenzó a considerar varias soluciones técnicas. Si la información que un empleado estaba utilizando nunca dejase el centro de datos, eliminaría el alto coste de la infraestructura y aumentaba la seguridad de los datos satisfaciendo así las necesidades del cliente. Esto es sin duda algo que una implementación de escritorios virtuales puede conseguir.

> *Los lectores técnicos estarán pensando que la solución perfecta puede ser Citrix XenApp o Microsoft Remote Desktops Services, o lo que se define como Session Virtualization (hablaremos sobre ello en el Capitulo 2.)Sin lugar a dudas, se podría implementar esta solución cumpliendo los requisitos de seguridad y eliminando el alto coste de conectividad. En muchos casos, sería una solución satisfactoria, pero si eso fuese todo, este sería un libro diferente. Microsoft Remote Desktop Services y Citrix XenApp son componentes muy importantes en las implementaciones de los escritorios virtuales.*

A George le interesaba percibir como un usuario más, los beneficios en la productividad comparando un ordenador de escritorio tradicional y un escritorio virtual. En particular, cuando evaluaron la tecnología de escritorio virtual, George y su equipo técnico, tuvieron en cuenta el efecto que estas soluciones tendrían en sus usuarios.

A la gente que trabajaba para George en las colecciones le motivaba el volumen de llamadas que podían procesar. Cuantas más llamadas realizase cada empleado y cuantos más clics de ratón pudiesen hacer, más dinero ganaban. Eso significaba que había una correlación directa entre los ingresos de los empleados, y por tanto los de la empresa, con la velocidad de las aplicaciones. Si sus aplicaciones fuesen rápidas con latencias mínimas, los empleados más productivos podrían ser aún *más* productivos si se les dotaba con las adecuadas soluciones de escritorio virtual.

George estaba muy intrigado por esto, ya que podría aumentar las ganancias de los empleados y mejorar su productividad, mientras que al mismo tiempo cumplía con los requisitos de seguridad de sus clientes. Si la solución funcionase según se predecía, los escritorios virtuales se contemplaban como un cambio positivo tanto por la dirección como por los empleados.

¿Qué más podría hacer una solución de escritorios virtuales por los trabajadores de George? George tiene 3 Call Centers. El primero es el más grande, con dos pequeñas oficinas en otras áreas metropolitanas. Estas oficinas tienen varios grupos de empleados con talento y futuros líderes de la empresa, pero antes de la implementación de los escritorios virtuales, las capacidades de las oficinas estaban limitadas por el diseño centralizado de la infraestructura tecnológica. Al igual que trasladar la aplicación principal al centro de datos significaría un enorme aumento en los costes de la infraestructura, ofrecer el mismo servicio a las demás oficinas con el mismo nivel de tecnología era un gasto que George no podía justificar.

Con los escritorios virtuales, George sería capaz de dar servicio a los usuarios de las oficinas remotas con el mismo nivel de servicio que en la oficina central. Ésto significaría que podría ofrecer a esos encargados y trabajadores más responsabilidad y nuevas iniciativas para hacer crecer el negocio en dichas oficinas – todo ello sin ningún gasto adicional de TI, gasto de personal o conectividad especial. La promesa de los escritorios virtuales significaba que, en teoría, el negocio de George se podía expandir a *cualquier* área metropolitana. Más importante aún, su personal podría operar desde cualquier lugar que pudiesen requerir sus clientes. George cumpliría con todos los requisitos de seguridad de sus clientes Fortune 500. Los escritorios virtuales permitirían a sus empleados trabajar para sus clientes desde cualquier parte del mundo con una inversión mínima en infraestructura y poco o ningún cambio en los procesos existentes.

Tras la Implementación

¿Quiere saber qué ocurrió cuando George implemento los escritorios virtuales para su negocio de colecciones? ¿Qué ocurrió con los usuarios? ¿Qué ocurrió con el resto de las oficinas? Después de un año, muchos de los beneficios que George vaticinó ocurrieron. Si bien la transición inicial fue muy suave, aún haciendo una prueba de concepto y un piloto, hubo que realizar una gran cantidad de ajustes en el sistema.

En el lanzamiento, las aplicaciones del nuevo sistema funcionaron muy bien. Los usuarios se sorprendieron de las mejoras que experimentaron en la velocidad al compararlos con los escritorios tradicionales. Tras varios meses con el nuevo sistema, la empresa de George comenzó a crecer. George contrató nuevos empleados, lo que se tradujo en más usuarios para el sistema. Esto resultó en una disminución notable del rendimiento, frustrando a los demás usuarios que estaban acostumbrados a que las aplicaciones funcionasen a una velocidad más rápida. Los empleados habían llegado a depender de la velocidad para realizar su trabajo. Cuando el sistema se ralentizó, la mala experiencia de los usuarios dio como resultado una menor satisfacción y una reducción en su rendimiento.

La lección a aprender para George fue que, si bien hubo beneficios inmediatos en la productividad, éstas disminuyeron conforme crecía la empresa. El equipo técnico era consciente de que los empleados dependían de sus escritorios virtuales para llevar a cabo su trabajo, pero usaron métricas suaves para determinar y juzgar las características del rendimiento. El uso de métricas definidas a medias fue suficiente cuando el sistema era rápido, pero cuando tuvieron que hacer frente a la desaceleración de la velocidad de las aplicaciones no pudieron cuantificar con precisión el problema. Cuando los usuarios llamaron para quejarse, los ingenieros técnicos sólo sabían que el sistema era lento y no podían ofrecer más ayuda. A veces los usuarios se enfadaban con el personal técnico, y si esto no era suficiente, la dirección de la empresa comenzó a darse cuenta del problema cuando la bajada del rendimiento de la aplicación comenzó a causar reducciones en las ventas de las colecciones.

Este problema, sin embargo, se pudo resolver satisfactoriamente. Mediante el uso de métricas específicas y detalladas, el personal técnico encontró la forma de mantener los niveles de rendimiento de la aplicación dentro de un rango aceptable con el número de usuarios actuales del sistema. El personal técnico podía planificar con antelación a medida que la dirección les informaba sobre las nuevas contrataciones o los cambios en el funcionamiento de su principal línea de aplicaciones empresariales. Los escritorios virtuales se podían modificar a un ritmo rápido y sin problemas significativos. Quedó claro que el diseño inicial que se realizó no fue adecuado y no cubría los requisitos de rendimiento ni la escalabilidad de la solución para dar cabida a más usuarios.

Incluso con una buena prueba de concepto y con un piloto, está casi garantizado que el departamento de TI tendrá nuevos retos y problemas de escalabilidad una vez implementada la solución de escritorios virtuales. Estos retos pueden ser complejos y difíciles de superar, especialmente a medida que se avanza de una prueba de concepto de 50 usuarios, a un piloto de 500 usuarios, a un sistema de producción con 10.000 usuarios y 14 perfiles diferentes. Cuando se escalan las implementaciones de escritorios virtuales se debe mantener el rendimiento del usuario final en un nivel aceptable.

Hay que mantener a los empleados productivos, independientemente de las tecnologías o los objetivos del proyecto. Si hay problemas con el sistema de escritorios virtuales, hay que parar, resolver los problemas y seguir adelante.

Las oficinas remotas eran un verdadero caso de éxito para la empresa de George. Durante el mismo año que experimentaron los problemas de crecimiento, una de las oficinas remotas triplicó su tamaño. Cuando el sistema de escritorios virtuales se combinó con una extensión del sistema telefónico central, técnicamente no hubo diferencia entre un empleado situado en la oficina central y otro situado en una oficina remota. El resultado fue un servicio mejor y más avanzado a los clientes de la empresa. La mejora en el servicio no fue el único beneficio. Las nuevas capacidades técnicas en las oficinas remotas se tradujeron en nuevas oportunidades para los empleados de dichas oficinas.

El primer beneficio fue que los usuarios fueron capaces de ser más productivos. Con los escritorios virtuales, cada aplicación se ejecutaba más rápido, lo que resultó en un profundo cambio para los grupos de empleados que se sentían desatendidos por los departamentos técnicos. Dado que el equipo técnico y los empleados remotos se acostumbraron a esta forma de trabajar, permitieron que las oficinas pudieran solicitar mejoras. El departamento de TI fue capaz de ofrecer nuevos cambios y actualizaciones de una manera rápida y sencilla con una carga de trabajo relativamente baja. En general, los negocios remotos se hicieron más rápidos, más eficientes y más estables.

El segundo cambio para la gente que trabajaba en las oficinas remotas fue adquirir responsabilidades que antes se tenían que llevar a cabo desde la oficina central. Ahora ya no importaba donde trabajase el empleado, el empleado adecuado podía desempeñar cualquier tarea desde cualquier lugar con las mismas herramientas que en la oficina central. Un administrador local podía contratar a cinco personas un jueves y tener los puestos de trabajo preparados para el lunes con nuevos monitores y escritorios virtuales preparados para funcionar. El departamento técnico no tenía que hacer nada para acondicionar a los nuevos empleados ya que el personal no técnico de las oficinas remotas ya había sido formado para realizar dicha tarea. Un proceso que antes tardaba entre 2-3 semanas, ahora se realiza en tan solo unos minutos.

¿Está su Empresa Preparada para Adoptar Escritorios Virtuales?

Los más pesimistas podrían afirmar que todo esto sería posible sin el uso de las tecnologías de escritorio virtual y tendrían razón. Todo ello es posible, *dentro de ciertas limitaciones creadas por este tipo de soluciones.* Parte del poder y el encanto de los escritorios virtuales es que las tecnologías que las sustentan pueden albergar muchos sistemas, aplicaciones y casos de uso. Muy a menudo, los escritorios virtuales se pueden implementar con un cambio mínimo en la experiencia del usuario final.

Si se implementan de manera correcta, los escritorios virtuales pueden proporcionar a cada persona de la empresa un acceso a las aplicaciones principales igual o mejor que la que disfruta actualmente, mientras que el negocio avanza más rápidamente y se vuelve más eficiente – todo al mismo tiempo.

Si los escritorios virtuales no se implementan correctamente, los empleados se sentirán frustrados y, en general, serán menos productivos. La habilidad para seccionar un escritorio en varias partes dispares significa que éstas se pueden unir en configuraciones correctas en incorrectas. Por ejemplo, si la conexión de red es lenta, los clics del ratón y el teclado no se mostrarán en la pantalla a la misma velocidad que en un escritorio convencional. La lentitud en la escritura se puede dar en varias ubicaciones y puede afectar a un gran número de empleados. Algunas aplicaciones pueden ser muy rápidas y sensibles, mientras que otros pueden llegar a ser inutilizables debido a su mal despliegue.

Para los escritorios virtuales que están centralizados, la geografía puede ser muy importante. Si los escritorios virtuales se están ejecutando en un centro de datos, el dispositivo que ejecuta el escritorio se encuentra a una cierta distancia del teclado, el ratón y la pantalla del usuario. En muchos casos, los escritorios virtuales requerirán que todos los movimientos del ratón y teclado viajen por la red.

Un ejemplo de un escenario real es la ubicación física de los equipos de escritorio en América del Norte ofreciendo servicio a usuarios situados en Asia (o viceversa). Los diferentes servicios y software de gestión para esta comunicación pueden ser muy buenos. En muchas aplicaciones, apenas se nota la diferencia entre un escritorio virtual y un escritorio real.

La naturaleza geográfica de las tecnologías de escritorio virtual ha llevado al desarrollo de una serie de "aceleradores", estas tecnologías se valoran a la hora de desplegar los escritorios virtuales. Algunos son soluciones que permiten grabar video y gráficos, y funcionan muy bien sobre escritorios virtuales, otros permiten ver gráficos 3D u operar en redes más lentas. Estas son tecnologías en desarrollo y se recomienda proceder con cautela. Pruébelos con sus usuarios y valore los resultados. Nunca compre o confíe en la capacidad de uno de estos aceleradores sin haberlos probado con sus usuarios en una prueba de concepto. Asumir que el "acelerador" se hará cargo de la lentitud del video y de los problemas del teclado es una suposición peligrosa e ignorante.

Considerando los casos de éxito y el aumento de la productividad que producen los escritorios virtuales, puede ser valiente con algunas de las decisiones que toma. Puede cambiar completamente el escritorio físico y la infraestructura que ello requiere para funcionar. Centralizando las soluciones y con una conectividad razonable puede dar servicio a un gran número de usuarios. Las soluciones del lado del cliente pueden permitir una mejor gestión y soporte en trabajadores móviles.

1. *¿Donde ubicaría las oficinas si pudiera escoger el lugar?*

2. *¿Cuánto ahorro podría proporcionar a su organización si su personal trabajase desde casa a tiempo completo?*

3. *¿Atraería a personal más cualificado si les diese la posibilidad de trabajar desde cualquier lugar? ¡SI!*

Al comenzar un proyecto de escritorios virtuales, es importante enfocar y comprender las necesidades de las *personas*, *empleados* y *usuarios* que trabajan en su empresa. Como personas, es fundamental que una solución de escritorios virtuales satisfaga sus necesidades. Como empleados, es fundamental que los escritorios virtuales se ajusten dentro de las normas que actualmente están en vigor a nivel corporativo. Permitir una mayor flexibilidad dentro de estas normas puede ser un motor potente para implementar los escritorios virtuales. Los directivos de TI deben entender que los *usuarios* son también personas y empleados. Los jefes de proyectos y todos aquellos que tomen decisiones no deberían hacer suposiciones sobre el rendimiento de un escritorio virtual, ni sobre lo que es aceptable para los usuarios finales. Al final del día, los usuarios son los clientes que determinan hasta qué punto es buena la solución que se les ofrece para realizar su trabajo.

Capitulo 2:
La silla de 6 patas

Los escritorios virtuales son un subconjunto creado durante la rápida evolución de la virtualización, es el cambio más grande de la industria tecnológica desde la expansión de Internet. Si bien esta rápida evolución ha traído nuevas capacidades y mejoras, también ha generado un gran despliegue publicitario y de marketing, especialmente en torno a la virtualización de escritorios. Con tanta información formarse en los escritorios virtuales, incluso a un nivel básico, puede ser abrumador y confuso.

En este capítulo se introducen y se ilustran los seis componentes principales de una solución de escritorio virtual:

1. Virtualización del Sistema Operativo
2. Virtualización de Sesión
3. Virtualización de Aplicaciones
4. Broker de Conexión
5. Dispositivos de acceso de cliente
    a. Ordenadores o Computadoras
    b. Clientes ligeros o "Thin Clients"
    c. "Otras" Tecnologías
6. Datos de Usuario, Datos del Perfil y Perfil del Usuario

En las siguientes secciones se explican estas tecnologías de una manera fácil, pero tenga en cuenta que estos componentes a veces se denominan con términos diferentes o se agrupan juntos bajo una solución empaquetada. Hay tantas variables como tecnologías.

Para todos aquellos que son nuevos en el mundo de la virtualización o para organizaciones que están bajo una normativa estricta, esto puede causarles "vértigo" y hacer que las tecnologías parezcan demasiado nuevas, demasiado arriesgadas o a falta de estandarización. *No se preocupe*. A medida que trabaja con las diferentes tecnologías y proveedores, encontrará referencias de proyectos ejecutados junto con las listas de requisitos y compatibilidades.

A lo largo de este capítulo hablaremos acerca de cómo se combinan y se ejecutan estas tecnologías, así que es importante que deje atrás todas las concepciones que tenga sobre lo que es o no un escritorio. Un escritorio no es una máquina que tiene instalado un sistema operativo Windows o Mac. De hecho, ni siquiera requiere de una computadora en absoluto. Borre de su mente su concepción de lo que es un escritorio – simplemente deje su mente en blanco. Ahora, siga leyendo, ¿Está preparado?

Virtualización del Sistema Operativo

En términos simples, virtualizar el sistema operativo— Microsoft Windows o Linux — es tomarlo y ejecutarlo sobre una aplicación llamada *hipervisor*. A todos los efectos, el sistema operativo que se ejecuta sobre el hipervisor es igual que el que se instala en un equipo físico. El usuario inicia la sesión y lo utiliza como lo haría en un PC tradicional.

El uso de un hipervisor tienen numerosas ventajas, pero para el propósito de esta explicación el hecho más significativo es que se puede instalar en un servidor, y a continuación sobre él se pueden ejecutar 50 o más instancias de sistemas operativos virtuales. Esta configuración le permite compartir el mismo equipo para todas las instancias.

No importa cómo se haga, el resultado final de la virtualización del sistema operativo es que en algún lugar haya una copia de Windows (u otro sistema operativo) ejecutando las aplicaciones. En la presentación y su uso casi siempre será similar a una copia de Windows ejecutado en un PC o portátil. Sin embargo, habrá una gran variación en la organización de la tecnología subyacente.

Los ejemplos incluyen las siguientes variaciones:

- Cómo se gestionan los datos del usuario

- Donde se ejecuta la instancia virtual

- Qué tipo de protocolo y/o dispositivo se utiliza para acceder al sistema operativo.

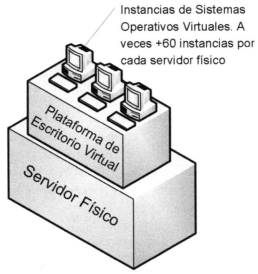

Instancias de Sistemas Operativos Virtuales. A veces +60 instancias por cada servidor físico

Plataforma de Escritorio Virtual

Servidor Físico

Solución de Escritorio Virtual Centralizado
(Varios servidores físicos en el Centro de Datos)

Instancias de Sistemas Operativos Virtuales corporativos y bloqueados.

Instancia Personal de Sistema Operativo Virtual

PC de Usuario

Solución de Escritorio Virtual del Lado del Cliente
(1 o más instancias de sistemas operativos por cada PC de usuario)

Figura 2.1 — Virtualización de Sistema Operativo

Una nota importante es que las instancias virtuales de los sistemas operativos se pueden ejecutar en el centro de datos. Se puede acceder a ellos desde un dispositivo situado en el puesto de trabajo del usuario, o bien desde un PC o portátil. Por otra parte hay otra configuración, la virtualización de lado cliente, que agrega nuevas flexibilidades a la experiencia de los usuarios de PC. Por ejemplo, cada usuario puede tener un sistema operativo virtual personal y otro corporativo. Esto da al usuario lo mejor de ambos mundos – mucha libertad personal y un escritorio corporativo seguro y bloqueado. Si es un usuario de Mac, es probable que ya esté utilizando una variable de esta tecnología cuando accede a las aplicaciones a través de software como Parallels o VMware Fusion.

Una de las distinciones más importantes de la virtualización del sistema operativo es cómo se instalan y se utilizan los programas. Fuera de las aplicaciones virtuales y de la virtualización de sesión (explicado más adelante), las aplicaciones son instaladas y utilizadas por un usuario – igual que lo son en un PC tradicional. La virtualización de sesión, la siguiente tecnología presentada en este capítulo, es la base para las aplicaciones basadas en la sesión, donde una aplicación es utilizada por decenas o cientos de usuarios simultáneamente (parecido a abrir en el PC varias versiones de la misma aplicación).

Virtualización de Sesión

La virtualización de sesión es la más antigua y probablemente la más familiar de estas tecnologías. También es conocida como los Servicios de Terminal Server, servicios de escritorio remoto, Citrix y algunos nombres más. Citrix es el nombre de la empresa que originalmente desarrolló los servicios de Terminal Server y ahora cuenta con productos que abarcan todo el ámbito de la virtualización.

La virtualización de sesión es, en muchos sentidos, lo opuesto a una instancia del sistema operativo. Con la virtualización de sesión, un único servidor está habilitado para compartir aplicaciones entre 50, 200, 1000 o más personas. Los usuarios se conectan a un sistema remoto o a una aplicación basada en sesión que se visualiza y actúa como una aplicación instalada en un PC.

Un escritorio virtual complementado con la virtualización de sesiones implica que los usuarios verán un escritorio remoto similar a un sistema operativo normal de Windows (botón de inicio, el escritorio, la carpeta Mis Documentos, etc.). Es importante tener en cuenta que la palabra "similar" *no significa que sea lo mismo un sistema operativo virtualizado que un sistema operativo instalado en un PC físico*. Hay algunas ventajas y desventajas muy importantes en los escritorios remotos en la utilización de la virtualización de sesión frente a la virtualización del sistema operativo. Una no es necesariamente mejor que la otra, pero hay que considerarlos para los diferentes escenarios.

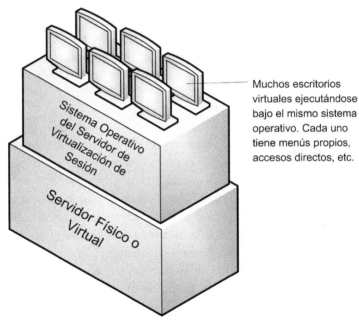

Muchos escritorios virtuales ejecutándose bajo el mismo sistema operativo. Cada uno tiene menús propios, accesos directos, etc.

Solución de Virtualización de Sesión de Escritorio
(muchos servidores físicos o virtuales en el centro de datos)

Figura 2.2 — Escritorios Virtuales Basados en Sesión

Hay un segundo tipo de virtualización de sesión que mencionar, esta es cuando a un usuario se le presenta la aplicación como si estuviera instalado en su escritorio. Denominada como *aplicación basada en sesión o "session-based application"*, la aplicación se visualiza y se utiliza casi exactamente igual que una aplicación instalada en la máquina. Muchas aplicaciones pueden estar basadas en sesión y hay razones específicas para ello.

La razón número uno para acceder a aplicaciones basadas en sesión es para el acceso remoto, y de hecho esta es la razón por la que se creó esta tecnología. Otro ejemplo sería cuando una aplicación requiere de recursos especiales de conmutación para poder operar, como un almacenamiento rápido o una gran potencia de procesamiento. Una aplicación puede que tenga que residir cerca de la base de datos o del servidor de aplicaciones que lo nutre de información. Mediante la publicación de la aplicación utilizando la virtualización de sesión, los usuarios pueden utilizar una aplicación sin la necesidad de disponer de un hardware o software especial en sus ordenadores. Se ejecuta en otro lugar, por lo que el usuario sólo ve la información visual de la aplicación.

Comparar la aplicación basada en sesión con muchas de las aplicaciones de Internet que se utilizan a diario puede ser correcto en cuanto al concepto, pero incorrecto en cuanto a la tecnología. Piense en Google. Se le presenta un cuadro de búsqueda donde puede introducir un término de búsqueda simple o una consulta compleja. En efecto, el navegador está presentando los aspectos visuales de las aplicaciones. Al introducir la información y pulsar el botón de búsqueda, la información se envía a Google, se procesa y se nos presentan los resultados de su búsqueda. Su equipo no está haciendo ningún trabajo más allá de simplemente representar la información visual que la aplicación remota ha emitido. Las aplicaciones basadas en sesión trabajan de una manera muy similar, solo que con casi cualquier aplicación – incluso con un navegador de Internet ejecutando Google.

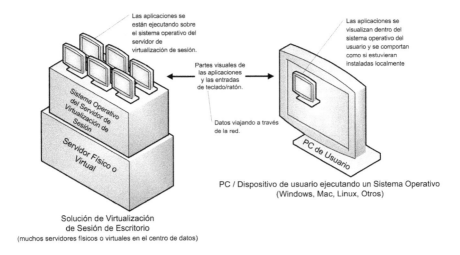

Las aplicaciones se están ejecutando sobre el sistema operativo del servidor de virtualización de sesión.

Las aplicaciones se visualizan dentro del sistema operativo del usuario y se comportan como si estuvieran instaladas localmente

Partes visuales de las aplicaciones y las entradas de teclado/ratón.

Datos viajando a través de la red.

Sistema Operativo del Servidor de Virtualización de Sesión

Servidor Físico o Virtual

PC de Usuario

PC / Dispositivo de usuario ejecutando un Sistema Operativo (Windows, Mac, Linux, Otros)

Solución de Virtualización de Sesión de Escritorio (muchos servidores físicos o virtuales en el centro de datos)

Figura 2.3 — Aplicaciones Basadas en Sesión

Las aplicaciones basadas en sesión se pueden anidar e insertar dentro de sistemas operativos virtualizados o en escritorios basados en sesión. Esto significa que puede tomar aplicaciones con requerimientos especiales y ejecutarlos dentro de un escritorio virtual (o incluso en un escritorio real) como una pieza de un puzle. Puede tener las ventajas de una instancia de sistema operativo virtual para un caso de uso de un usuario, además de las ventajas de un escritorio basado en sesión para otro caso de uso de otro usuario, y proporcionar a los dos con acceso a la misma aplicación basada en sesión. El resultado es el mejor tipo de escritorio para cada caso de uso de usuario y la flexibilidad de usar la misma aplicación en ambos casos.

No debe ver las soluciones de escritorio virtual como una única tecnología o paquete de software, sino como una combinación de diferentes tecnologías.

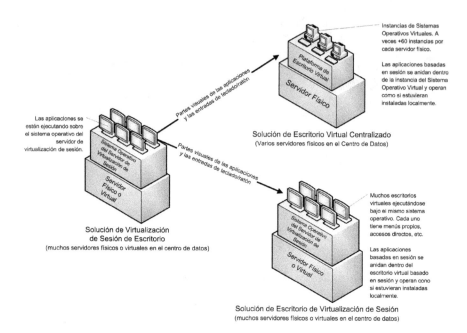

Figura 2.4 – Ejemplo de Anidación de Escritorios Virtuales

Virtualización de Aplicaciones

Desde el punto de vista de las aplicaciones, la virtualización de las aplicaciones es la antítesis de las aplicaciones basadas en sesión. Es similar a la comparación de DaVinci a Michaelangelo. Su arte es similar, pero completamente diferente.

En pocas palabras y como ejemplo, la virtualización de aplicaciones es como un regalo que va a dar a alguien. Primero compra el regalo (la aplicación) y lo envuelve en una caja con papel de regalo (la virtualiza). A continuación, puede dársela a alguien que puede abrirlo y utilizar lo que hay dentro. Cuando las aplicaciones virtuales se unen de esta manera se les denomina "paquetes de aplicaciones".

Esencialmente todo lo que hace la virtualización de aplicaciones es coger una aplicación instalada y rodearla con una capa virtual. Cuando sucede esto, la aplicación se convierte en un archivo donde el usuario hace clic y lo ejecuta. No tiene por qué estar instalado, no importa la versión del sistema operativo sobre el que se ejecute y funciona en diferentes tipos de dispositivos – teniendo en cuenta siempre las limitaciones de la aplicación virtual, por supuesto. Las aplicaciones se lanzan dentro de una "burbuja" y tiene varios niveles de interacción con el sistema operativo sobre el que se ejecuta. Una aplicación virtual puede estar configurada para que interactúe con el sistema operativo y otras aplicaciones de una manera limitada, mientras que otra aplicación virtual se puede configurar para aislarse por completo del sistema operativo y de todas las demás aplicaciones. En cualquier caso, una vez que las aplicaciones estén disponibles, como a través de una red o dirección web, están inmediatamente disponibles para los usuarios. *A diferencia de la aplicación basada en sesión, una aplicación virtualizada utiliza los recursos informáticos del dispositivo sobre el que se ejecuta. Este dispositivo todavía puede estar alejado del usuario – como el caso de las instancias de los sistemas operativos que están almacenadas centralmente.*

Son varias las razones para virtualizar las aplicaciones. Una de las primeras razones es que una vez paquetizadas, son separadas unas de otras y del sistema operativo. Separar las aplicaciones entre ellas y del sistema operativo a menudo tiene la ventaja de eliminar conflictos que pueden existir entre un gran número de elementos de software – utilidades como las actualizaciones de los sistemas operativos, parches de seguridad o complementos para las aplicaciones. Otras ventajas que ofrece el uso de las aplicaciones virtuales son las más típicas tales como la compatibilidad, la administración, la distribución y el licenciamiento.

Al considerar las compatibilidades, la virtualización de una aplicación de software puede significar que el software más antiguo se pueda ejecutar en sistemas operativos más actuales, tales como software diseñado para Windows 2000 que necesita funcionar en Windows 7. Cuando administramos las aplicaciones, los paquetes de aplicaciones por lo general vienen con metodologías y/o herramientas que se pueden utilizar para hacer cumplir el licenciamiento impuesto, las implementaciones de software y las actualizaciones de los paquetes.

¡Atención! Existen riesgos asociados con el empaquetado de las aplicaciones. La virtualización de una aplicación de software puede violar los acuerdos de licenciamiento de los proveedores (EULAs) o

---

crear una situación en la que el software ya no pueda ser soportado por el vendedor. Si no está seguro de si el software debe ser empaquetado, consulte con el vendedor o con un experto para obtener sus recomendaciones.

Anteriormente hemos hablado sobre la idea de anidar aplicaciones publicadas en el interior de una instancia de sistema operativo virtual o un escritorio basado en sesión. Por supuesto, lo mismo se puede hacer con la virtualización de aplicaciones. Esta es una pieza muy simple, pero poderosa dentro del puzle de los escritorios virtuales. La solución para un usuario podría ser la virtualización del sistema operativo con algunas aplicaciones básicas instaladas sobre él, junto con algunas aplicaciones basadas en sesión y algunas aplicaciones virtuales. Otro usuario podría únicamente desplegar la aplicación virtual en su escritorio físico existente.

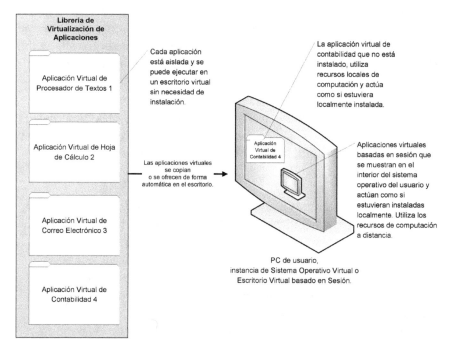

Figura 2.5 – Aplicaciones Virtuales

Sin realizar una buena configuración del sistema en la prueba de concepto, a menudo puede ser confuso y frustrante tratar de decidir sobre la mejor forma de combinar las tecnologías para un escritorio virtual efectivo. No se sorprenda si la primera combinación o configuración no funciona y la tiene que cambiar un par de veces más. Puede que no lo haga todo bien al principio, pero con el tiempo ganará en experiencia y desarrollará madurez en el uso de estas tecnologías. Eso se traducirá en la capacidad de combinar de manera efectiva y utilizar los recursos diferentes de manera correcta.

El Broker de Conexión

Al comenzar a explotar los componentes de la tecnología de escritorio virtual, el bróker de conexión puede llegar a ser lo más confuso y a veces lo más difícil de evaluar. Piense en el bróker de conexión como el portero *y* la puerta que determina cómo y qué tipo de información es presentada al usuario de un escritorio virtual. Hay algunos bróker de conexión que son muy flexibles y tienen más opciones que un BMW serie-7. Permiten la máxima flexibilidad. Puedes controlar el acceso, y ofrecer al usuario cualquier combinación de las tecnologías de cualquier manera, en cualquier dispositivo, en cualquier orden, en cualquier prioridad, con ciertas excepciones y ciertas garantías de servicio y personalización especiales, y, y, y,… ¿entendéis por donde voy?

Ah, y todo esto a través de una pieza de software. Sin duda hay seguridad aún con ese nivel de flexibilidad, pero este tipo de software generalmente tiene una curva de aprendizaje para el personal de TI y requiere una inversión inicial mayor.

Otros broker de conexión se pasan por alto en la selección ya que sus características son más limitadas. Están diseñados para llevar a cabo funciones básicas de entrada y salida – son agradables y sencillos, y en cierto modo, muy elegantes y acogedores.

En última instancia, el tipo de broker de conexión que utilice se definirá respecto a las características de sus necesidades inmediatas, el tipo de características que cree que necesitará y el coste total de la solución. Algunos bróker de conexión son completamente agnósticos en cuanto a la tecnología subyacente y se pueden utilizar con las tecnologías de escritorio virtual que se escojan, mientras que otras están estrechamente integradas en un conjunto global de productos de escritorios virtuales. Generalmente las licencias de los bróker de conexión que formen parte de una plataforma de escritorios virtuales vendrá incluida en los derechos de licencia y en el acuerdo de licenciamiento, lo que significa que no tiene que adquirir otro producto.

Una evaluación más profunda sobre los broker de conexión queda fuera del alcance de este libro. Estos tienden a avanzar rápidamente sus características varían mucho. Una vez que se realice la evaluación de sus equipos y aplicaciones para la consideración del escritorio virtual, liste los requisitos mínimos que necesita que cubra el bróker de conexión. Con esta información se pueden analizar las características de los diversos bróker de conexión para que su compra esté justificada por las necesidades y no los "extras" que puedan incluir. El valor de estas características adicionales, tales como una mayor flexibilidad, soporte más sencillo, protocolos más especiales y la promesa de mejoras en el futuro pueden ser examinadas sabiendo que la solución cubrirá todos los requisitos de su proyecto.

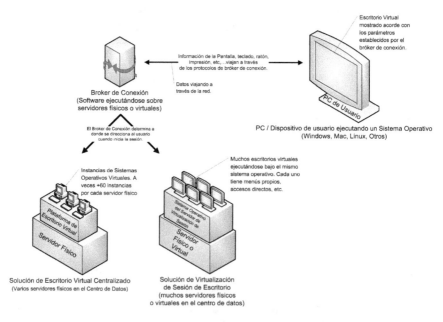

Figura 2.6 —Broker de Conexión

Dispositivos de Acceso de Cliente

La penúltima tecnología de escritorio virtual a examinar es el dispositivo utilizado para acceder a los escritorios virtuales. Uno de los mejores aspectos de las tecnologías de virtualización de escritorios es que su objetivo es ser accesible desde cualquier tipo de dispositivo que ejecute cualquier tipo de sistema operativo.

Los dispositivos de acceso de cliente se pueden dividir en tres categorías:

- Ordenadores o computadoras
- Clientes ligeros "Thin Clients" y "Zero Clients"
- Teléfonos inteligentes "Smartphones" y "Otras" tecnologías

Ordenadores o Computadoras

En el caso de los ordenadores, hay dos escenarios de escritorios virtuales que hay que entender. En un primer escenario, un equipo con casi cualquier sistema operativo puede ser utilizado para acceder a un escritorio virtual, aplicación basada en sesión o aplicación virtual que existe en un sistema remoto. Para ello, suele ser necesario instalar algún tipo de software de cliente, pero ese software generalmente suele ser pequeño y requiere de un mínimo de potencia de computación. A veces, el software puede también estar integrado en un navegador web.

Debido a que los requisitos de sistema para el software de escritorios virtuales son tan bajos, las organizaciones por lo general no tienen que comprar equipos nuevos y en su lugar puede utilizar sus recursos existentes (a menudo se reutilizan los equipos ya existentes). Como advertencia podemos decir que las organizaciones necesitan determinar cómo van a gestionar estos equipos. Para mantener los costes de soporte bajos y mejorar la experiencia de usuario, podría tener sentido cambiar el sistema operativo instalado o convertirlos en dispositivos que sólo puedan acceder a un escritorio virtual.

Hay un Segundo escenario, llamado *virtualización de lado del cliente o "client-side virtualization"*. En este escenario, un equipo ejecuta un escritorio virtual (o conjunto de escritorios virtuales) en un PC de sobremesa o un portátil. Esto es básicamente lo mismo que ofrecer a sus usuarios los equipos tal y como lo hace ahora, pero añadiéndoles las sofisticadas tecnologías de escritorio virtual para facilitar su administración y mejorar su funcionamiento general. Hay muchos escenarios diferentes en los que esta configuración es más deseable que el PC tradicional.

Los Dispositivos de Cliente Ligero o "Thin Client"

En cuanto comience a informarse sobre las tecnologías de virtualización de escritorios, verá que se habla mucho de los clientes ligeros "thin client" y los "zero client". Los clientes ligeros son equipos pequeños y sin partes móviles, y pueden ofrecer numerosas ventajas sobre los PCs tradicionales. Por ejemplo, un mayor ciclo de vida, mejor capacidad de gestión y disminución del consumo de energía. Por lo general sólo tienen un propósito en su vida útil: acceder a los escritorios virtuales.

Los "zero client " son dispositivos que tienen aún menos partes que sus compañeros los clientes ligeros. Hay una serie de razones por las que una empresa puede considerar adquirir "zero client", tales como los costes, aplicaciones más especiales o de mayor seguridad. Los "zero client" ofrecen prácticamente los mismos beneficios que los clientes ligeros, es por ello que para el resto del libro consideraremos los dos como iguales.

Debido a que no tienen partes móviles, la vida útil de los clientes ligeros tiende a ser más largo que los PC tradicionales. Los clientes ligeros también tienen la ventaja adicional de no requerir de conocimientos específicos para su instalación que vayan más allá de la capacidad de conectar un monitor, un teclado y un ratón. La mayor parte de su administración se realiza de forma centralizada desde una herramienta de gestión establecido por el proveedor del cliente ligero.

Los clientes ligeros pueden ser pequeños, pero todavía son equipos con funciones óptimas y con características opcionales que pueden aumentar sus capacidades — *y su precio.* Por ejemplo, algunos clientes ligeros soportan múltiples monitores y sonido, y tienen aplicaciones de gestión sofisticadas para los controles de seguridad y la experiencia del usuario final. A medida que los proveedores agregan nuevas características y aumentan el rendimiento, los dispositivos de cliente ligero son cada vez más "grandes".

Estas funciones avanzadas hacen que los clientes ligeros sean una opción *inteligente* para reemplazar los PCs de escritorio en una gran cantidad de ocasiones, pero es posible que no sepa que son también una opción *verde o ecológica*. Además de reducir los costes generales de soporte, los clientes ligeros generalmente consumen menos del 10% de la potencia necesaria para ejecutar un PC de escritorio tradicional, reduce las facturas de los consumibles y cuidamos el medio ambiente.

Otro aspecto de los clientes ligeros y las computadoras, son las soluciones híbridas que podemos encontrar en el mercado. Hay disponible soluciones fáciles de configurar, algunas de ellas son de código abierto que convierten a los PCs en clientes ligeros. Aunque no sean tan llamativas o verdes como son los clientes ligeros convencionales, este enfoque puede costar mucho menos que reemplazar los PCs con clientes ligeros mientras que reducimos los gastos de soporte.

En el otro extremo del espectro están los clientes inteligentes o "smart clients". Estos son equipos pequeños de baja potencia y se sitúan entre los clientes ligeros y los ordenadores. A menudo pueden ejecutar un sistema operativo completo y ejecutar aplicaciones de forma local como un PC convencional, con muchos de los beneficios de los clientes ligeros tales como la manejabilidad y el menor consumo de energía.

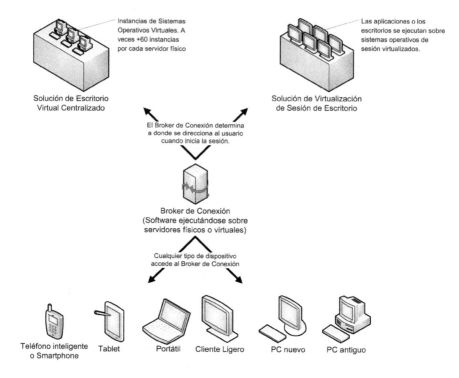

Figura 2.7 — Dispositivos de Acceso de Cliente

Teléfonos Inteligentes "Smartphones" y "Otras" Tecnologías

¿Que discusión técnica estaría completa sin la categoría "otros"? Muchos dispositivos y soluciones de software no se ajustan ni en la categoría de equipos ni en la de clientes ligeros.

Algunos dispositivos son *casi* ordenadores completos, pero están modificados de alguna manera para hacerlos más seguros o más especializados para los escritorios virtuales. Del mismo modo, hay dispositivos de cliente curiosos capaces de ejecutar software, reproducir vídeos y permitir a los usuarios navegar por Internet fuera del escritorio virtual. Otros dispositivos son los llamados "tablet" que se integran con software especial y dispositivos instalados dentro del entorno del escritorio virtual. Para terminar, hay más de 300 millones de "smartphones" o teléfonos inteligentes en todo el mundo, estos se asemejan a pequeños ordenadores.

El acceso de los usuarios a los escritorios virtuales y a las aplicaciones se suele realizar a través de software que permite a los usuarios ver su escritorio virtual desde un navegador web, un teléfono inteligente, tablets o desde una llave USB que puede conectarse a cualquier ordenador. En el caso de los teléfonos inteligentes y en las tablets más populares este software está disponible en los mercados online y los usuarios pueden instalarla y conectarse a su escritorio virtual sin necesidad de ninguna ayuda especial ni asistencia técnica de un departamento de TI.

Considere estas posibilidades cuando evalúe los dispositivos de acceso de cliente para los escritorios virtuales. Los dispositivos o software especializado puede ser una buena solución para algunas aplicaciones o para ofrecer una mayor movilidad a la hora de desplegar los escritorios virtuales en situaciones que las que no se podría funcionar de otra manera.

Las tablets son especialmente interesantes ya que se pueden utilizar con escritorios virtuales. Imagine por un momento ejecutivos que llevan su tablet a una reunión y acceden a su escritorio virtual corporativo. Como las tablets disponen de pantallas grandes, no es difícil imaginar un ejecutivo mostrando informes y aplicaciones para colaborar con otros participantes de la reunión. La aplicación que gestiona los datos podría detectar que se ha accedido al escritorio virtual desde la sala de conferencias y añadir automáticamente las impresoras de dicha sala para poder imprimir el material que se requiera en la reunión.

Datos del Usuario, Datos del Perfil y Perfil del Usuario

Los datos del usuario, datos del perfil y el perfil del usuario son los últimos componentes de las tecnologías de escritorio virtual. Los datos del usuario se componen de todos los datos a los que se accede, tales como las hojas de cálculo y archivos de texto. Los datos del perfil se componen de las personalizaciones que hacen las aplicaciones y el sistema operativo, tales como las barras de herramientas especiales y fondos de pantalla. Otros ejemplos de datos del perfil son la información de la cuenta de Outlook y las firmas, la configuración de la barra de herramientas de MS Office, los favoritos de Internet, los documentos utilizados recientemente y todos los accesos directos del escritorio. En lo que se refiere a los escritorios virtuales, los datos del perfil también se pueden denominar como el perfil del usuario. Cuando se hace referencia a ello en este contexto, la personalización es la combinación de los datos de usuario + los datos del perfil que se utilizan en las aplicaciones y en el sistema operativo de un usuario final. Las aplicaciones que realizan estas funciones también se pueden llamar a sí mismos como "gestión de personalización" o "gestión de perfiles".

Los datos del perfil y del usuario generalmente interactúan con tres componentes de los escritorios virtuales – la virtualización del sistema operativo, la virtualización de sesión y la virtualización de aplicaciones. Son parte integral dentro de la experiencia del usuario y hay que tener una especial atención para asegurarse que funcionan correctamente con la solución de escritorio virtual. Si alguna vez ha perdido la personalización debido a un virus o por rotura del equipo, sabrá hasta qué punto puede molestar este hecho. Más importante es considerar que los datos del perfil del usuario generalmente son requeridos para que los usuarios puedan trabajar con sus aplicaciones. Por ejemplo, las aplicaciones con diccionarios personalizados, las aplicaciones que cargan determinados archivos al inicializarse o las barras de herramientas almacenan su información en el perfil del usuario.

Las técnicas utilizadas para gestionar los datos del perfil del usuario son complejas y pueden variar significativamente dependiendo de las soluciones de escritorio virtual. Si bien los detalles técnicos están fuera del alcance de este libro, entiendo que hay dos enfoques para el manejo de los datos del usuario. La primera consiste en las características de la gestión de los datos básicos de los usuarios incluidos en los escritorios virtuales y en las redes. Estos se utilizan para crear una solución para la gestión de los datos del usuario. El segundo enfoque implica el uso de una herramienta externa para gestionar el perfil. Estas herramientas externas incluyen sofisticadas capacidades de gestión de perfiles y a menudo pueden facilitar la migración para los usuarios y administradores a los escritorios y aplicaciones virtuales.

Las herramientas externas no son necesariamente mejores que los ya incluidos el software de escritorio virtual que se implemente. Estas herramientas ofrecen ese extra de capacidad que los entornos más complejos pueden requerir para funcionar o escalar correctamente. En el siguiente capítulo se describe como evaluar un entorno de escritorios existentes. Una evaluación implica entender el estado de los perfiles de usuario, los datos y las aplicaciones. Una vez que entienda esta información, puede revisar y establecer el tipo de sistema de gestión de perfiles. Los perfiles pueden ser bastante complejos en entornos de escritorios virtuales, especialmente si está considerando la idea de los "nidos" que se mencionan a lo largo de estas secciones técnicas. Utilizar las capacidades que incorpora una plataforma de escritorio virtual puede significar que los datos de usuario se encuentren en varios lugares, o que tiene que limitar la capacidad de las personalizaciones de los usuarios. Las herramientas externas en general rompen este tipo de barreras, asegurando que la experiencia de los usuarios sea más consistente y que la gestión de los perfiles de usuario sea más sencilla para el administrador del sistema de escritorios virtuales.

Capitulo 3:
Evaluación de los Escritorios

Hasta este punto, hemos hablado sobre el usuario final y su importancia global en la virtualización de escritorios. También se han mostrado las tecnologías y los componentes esenciales para que tenga un marco de referencia a la hora de considerar las diversas soluciones técnicas del mercado. En los dos capítulos anteriores se han mencionado algunas de las formas en que se debe modificar su solución de escritorios virtuales para que cumpla los requisitos particulares de su organización.

Las siguientes fases a fin de comprender las soluciones de escritorio virtual y de cómo podrían encajar dentro de su empresa son *la evaluación de los escritorios virtuales* y *el análisis del diseño*. Con la evaluación se resume el estado actual de los escritorios, los usuarios y las aplicaciones. El análisis del diseño contiene todos los elementos clave de la implementación de los escritorios virtuales, permitiéndole evaluar el impacto global de las diversas soluciones.

Este capítulo le guiará a través de las distintas partes de una evaluación general y le mostrará, a grandes rasgos, la información que le será presentada. Dada su capacidad decisiva dentro de su empresa en cuestiones técnicas o de negocios, hay dos razones por las que es importante que entienda el valor de una evaluación de escritorios virtuales. Para el que toma las decisiones *técnicas*, la información obtenida en la evaluación es sumamente necesaria para analizar el diseño y crear diseños técnicos de una manera eficaz y precisa. La evaluación de la información junto al análisis del diseño proporciona una valiosa información sobre las diversas soluciones tecnológicas y sus componentes. Para el que toma las decisiones de *negocio*, la información de la evaluación combinada con el análisis del diseño proporciona una comprensión del negocio, el personal, la administración y los cambios administrativos que puedan ocurrir con la aplicación de las nuevas tecnologías.

Las evaluaciones de los escritorios virtuales y los modelos de análisis están unidos entre sí y varias piezas del flujo de información fluyen entre las dos y afectan a ambas partes. Esto indica que se deberían de abordar en un único capítulo, pero debido a la importancia de ellas y el valor final del análisis del diseño, éstas se abordarán de forma individual. Esta parte del libro se ha dividido en dos capítulos distintos que se superponen en algunos aspectos. De esta manera, podemos centrarnos y simplificar estos procesos que ya de por sí son complejos.

En la práctica, puede que opte por seguir esta tendencia y dividir la evaluación y el análisis del diseño en dos proyectos distintos. Si decide contratar a un proveedor externo para realizar una evaluación de escritorio virtual, podría combinar ambas operaciones y obtener en la última entrega una recomendación de la solución más interesante. Este enfoque es muy común y en muchos casos se obtienen estudios muy completos y agnósticos.

Es importante volver a comprobar las recomendaciones de los proveedores externos sobre los escritorios virtuales y el análisis del diseño para entender en que se basan sus recomendaciones.

La mayoría de las veces, las razones para *no* implementar una tecnología suelen ser tan importantes como las razones para implementar otra. Esto es especialmente cierto cuando se trabaja con un proveedor que tiene preferencia en recomendar una solución de escritorio virtual concreta. Simplemente podrían ser más hábiles con una plataforma que con otra, por lo que su recomendación no sería del todo adecuada o lógica para su proyecto. Si la recomendación final no incluye los motivos por las que se ha seleccionado dicha solución, pregunte al proveedor cuales son las razones por las que no debería de aplicar las tecnologías de la competencia u otro tipo de soluciones. Esto puede ser una simple prueba de fuego que ayudará a validar la recomendación.

El Valor del Análisis del Diseño

En este capítulo y en el siguiente se da una explicación *completa* de por qué debe personalizar la solución de escritorio virtual para su empresa. Pero para comenzar, debe dejar a un lado las evaluaciones anteriores y entender el propósito general del análisis del diseño. Pensemos por un momento que se le presenta una recomendación de virtualizar sus escritorios. Esta recomendación indica que los escritorios virtuales serán menos costosos que los equipos de escritorios tradicionales, tal y como se indicaba en el material comercial que se le entregó inicialmente.

Tomemos como ejemplo la siguiente situación. En el informe del proveedor hay un gráfico que muestra una diferencia del 45% entre el coste total por escritorio físico frente al escritorio virtual. A medida que estudia la propuesta, recuerda que un excompañero de trabajo de otra empresa le comentó que no habían experimentado ninguna diferencia en el coste, mientras que otro le dijo que los escritorios virtuales habían sido mucho más caros.

Sabiendo esto, ¿cómo puede estar seguro de que existe realmente una diferencia del 45% en el coste por escritorio para su empresa? La respuesta "Porque el vendedor sabe de lo que está hablando" no es suficiente. Al tomar una decisión acerca de las soluciones de escritorio virtual y especialmente cuando se comparan las recomendaciones de diferentes proveedores, es sumamente importante entender todos los detalles de los costes de la solución. ¿Por qué su compañero no vio ninguna diferencia en el coste, pero se supone que en su empresa se ahorrará hasta un 45% con los escritorios virtuales?

La respuesta a estos "por qué" ilustra el valor del análisis del diseño. Al comprender las partes que conforman la solución que se le ofrece, dispondrá de información para tomar las decisiones correctas y enfocar inteligentemente la solución que le han recomendado. Al leer el cuarto capítulo, obtendrá una visión general que le permitirá cuestionar la forma en la que se aplica un análisis de diseño en áreas tales como la infraestructura física, el personal, los procesos de gestión y el acceso de los usuarios.

Tenga en cuenta que una parte importante del coste total de cualquier solución de escritorio virtual es el aumento de los recursos del centro de datos. Implementar un pequeño número de escritorios virtuales tendrá un impacto insignificante, pero si está planteando varios miles, es necesario conocer el efecto que esta nueva infraestructura tendrá en todos los ámbitos del centro de datos, tales como el espacio, el consumo de la energía, el almacenamiento, los servidores y la conectividad.

El análisis del diseño de los escritorios virtuales le ayudará a esbozar estos costes y a entender la relación que existe entre los diferentes elementos. Por ejemplo, una relación fundamental es la que existe entre sus opciones de software y los recursos materiales que necesita para ejecutar la solución. Algunas configuraciones pueden proveerle con densidades muy altas (cientos de usuarios / servidor) que minimizan los costes del centro de datos. Otros podrían tener una menor densidad con costes operativos más elevados, pero con mejores capacidades de gestión que en última instancia, reducen los gastos administrativos.

Si nos centramos en los elementos del sistema externos al centro de datos, ¿sabe si es más rentable volver a utilizar los equipos existentes como simples dispositivos de acceso de cliente o si debería sustituirlos por dispositivos de baja potencia que pueden ser gestionables de forma centralizada? ¿Qué ocurre si solo tiene que utilizar la virtualización de cliente y no sitúa su escritorio en el centro de datos? ¿Qué pasa si su empresa sustituye los PCs corporativos por dispositivos que elige el usuario? ¿Y si ellos son también los responsables de la gestión de estos dispositivos? ¿De qué manera pueden ser estas situaciones más eficientes o tener un menor coste que una solución centralizada?

Teniendo en cuenta el presupuesto de TI y la gran cantidad de cambios importantes que se introducen con el uso de los escritorios virtuales, el análisis le permitirá mejorar la toma de decisiones. Imagine un escenario en el que está explotando la tecnología de escritorio virtual para lograr tres objetivos: ayudar en la migración a Windows 7, reducir los costes de soporte y aumentar la fiabilidad de las aplicaciones. Con tan sólo estos tres objetivos y un proyecto para virtualizar los escritorios de su empresa, se le presentarán preguntas sobre el centro de datos tales como:

- ¿Cuánta capacidad tenemos en nuestro centro de datos? Si no hay espacio para ampliar el centro de datos, ¿Qué nivel de densidad necesito en la solución de escritorio virtual?

- ¿Es la virtualización de las aplicaciones, la mejora de la administración de los escritorios y la facilitación de la migración a Windows 7 más importante que mover los escritorios al centro de datos?

- ¿Qué tipo de gastos de funcionamiento se pueden esperar con los escritorios virtuales en el centro de datos? ¿Y si utilizamos escritorios virtuales del lado del cliente y mantenemos la gestión en el centro de datos?

¡Y esto es solo en el centro de datos! La mayoría de las personas que están considerando la implementación de escritorios virtuales están en un estado de "no saber qué es lo que no saben". La evaluación y el resultante análisis del diseño le ayudarán a "saber qué es lo que no sabe". Al identificar las áreas débiles podrá obtener la información necesaria investigando con las herramientas adecuadas, entrevistando a los usuarios, con pruebas de concepto, consultores y guías sobre las tecnologías. Esto le dará un mayor nivel de comodidad y confianza a la hora de responder a la pregunta de *por qué* un enfoque de escritorios virtuales es mejor que otro para su empresa.

¿Por Qué una Evaluación?

Como se mencionó anteriormente, ser capaz de responder a los "por qué" se inicia con una evaluación de sus aplicaciones, escritorios y usuarios actuales. ¿Cómo hacemos esto? Hay herramientas disponibles que realizan muchas de las tareas de evaluación, e incluso algunas de las tareas de modelado. Lo bueno es que estas herramientas se han diseñado específicamente para examinar todas las tecnologías principales expuestas en el capítulo dos.

Naturalmente, desea conocer todo acerca de estas excelentes herramientas ¿no? Por desgracia, esta es un área que cambia tan rápidamente que cualquier cosa que se detalle sobre ella en este libro sin duda quedará obsoleta en unos pocos meses. De todas maneras, esta información la podrá obtener fácilmente desde Internet y más importante aún, es un área clave para discutir con los proveedores. Las herramientas de evaluación que utiliza un proveedor para realizar una evaluación pueden ser un criterio útil para juzgar la exactitud, los métodos y la confianza máxima de sus ofertas.

Para el resto de este capítulo, se dará por sentado que utilizará una consultoría para la evaluación general de sus escritorios. Y aunque decida realizar una evaluación interna con su personal experimentado en escritorios virtuales o formando a sus empleados en estas habilidades mediante programas de capacitación, las siguientes secciones le seguirán siendo muy valiosas.

El objetivo ahora es ofrecerle una visión general de la evaluación y poner en relieve algunas de las áreas específicas mediante el uso de ejemplos sencillos. Esto no pretende ser una evaluación integral y profunda – esta le será proporcionada por las herramientas de software que utilice y los profesionales que contrate para realizar este trabajo.

Ahora que conoce y entiende algunas de las razones para evaluar y analizar su entorno de escritorios actual, es el momento de comenzar con la evaluación. La mayoría de las herramientas de evaluación examinan los escritorios físicos, las aplicaciones y los usuarios. Siguiendo con esta estructura organizativa, la siguiente sección abarca el análisis de los aspectos físicos de su estructura actual de escritorios, mientras que en las secciones que le siguen se habla sobre las aplicaciones y los usuarios. Tenga en cuenta que muchos de estos temas se analizaran con más detalle en el capítulo siguiente.

Evaluación Física del Escritorio

La mayoría de las evaluaciones comienzan con los aspectos físicos de sus escritorios – un inventario y análisis de: la memoria, CPU, el consumo de energía, almacenamiento y la conectividad de red. Este ejercicio de recopilación de información se realiza mediante un sistema de recogida de datos situada en la red de la empresa y un conjunto de aplicaciones instaladas en el PC del usuario final. El software instalado recoge la información y lo envía al sistema de recolección de datos durante varias semanas. Esta recogida de datos es benigna y no afecta al usuario de ninguna manera. Hay dos tipos principales de medición involucrados en esta recopilación de información – la *capacidad total* y la *capacidad utilizada*.

Capacidad total = El total de la capacidad del grupo de usuarios que se están evaluando.

Capacidad utilizada = El total de la capacidad que se está utilizando actualmente.

Se dará cuenta que la capacidad de los recursos utilizada es una fracción de la capacidad total y que algunos usuarios disponen de una capacidad superior a otros. Debido a que las soluciones de escritorio virtual centralizadas normalmente están diseñadas para adaptarse a la capacidad del usuario en lugar de a la capacidad total, la exactitud de los valores de la capacidad utilizada es de suma importancia. Algunas herramientas de evaluación pueden tomar más de un mes para reunir información suficiente para proporcionar los resultados precisos.

Por ejemplo, un grupo financiero podría realizar muchas tareas de análisis de datos a fin de mes, es decir, su uso de los recursos informáticos fluctúa drásticamente en un periodo de 32 días. Mientras tanto, un grupo de administradores podría tener un uso constante y sin fluctuaciones de los recursos informáticos durante el mismo periodo de tiempo.

Cuando consideramos los escritorios virtuales del lado del cliente, podría existir una importante diferencia entre la capacidad utilizada y el total observado en su evaluación frente a lo que se planea en la fase de diseño. Esta diferencia puede explicarse por el cambio en los casos de uso que a veces se dan con las implementaciones del lado del cliente.

Por ejemplo, las empresas pueden ofrecer a sus usuarios un escritorio virtual corporativo seguro y un segundo escritorio virtual para uso personal. Para un gran número de usuarios, se requerirán más recursos informáticos para ejecutar dos escritorios virtuales por persona que para ejecutar uno sólo. De todas maneras, la información sobre la capacidad total utilizada y la capacidad total disponible sigue siendo muy valiosa ya que ayuda a entender cómo dimensionar las máquinas virtuales del lado del cliente, los tipos necesarios y la cantidad de hardware necesario para cada dispositivo final del usuario.

Ni las implementaciones del lado del cliente y ni la centralizada implican que el cambio a los escritorios virtuales utilice sólo la capacidad mostrada en los informes de evaluación. Hay otros factores a considerar tales como los cambios que se dan en las aplicaciones al

---

virtualizarlas o el aumento de memoria y almacenamiento que se requiere al mejorar o actualizar los sistemas operativos. Muchas aplicaciones de evaluación de software pueden ayudar en el dimensionamiento de estos cambios. Algunos tienen capacidades sofisticadas para ayudar a analizar qué aplicaciones son los mejores candidatos para la virtualización, mientras que otros podrían incluso ayudar a calcular el tamaño de los servidores que necesita para implementar los escritorios virtuales centralizados.

Al analizar el hardware del PC de escritorio, la evaluación se centra en estas tres áreas:

- Procesador (CPU)
- Memoria (RAM)
- Almacenamiento (Disco Duro)

Es importante entender la forma en que se realizan las mediciones de cada uno de estos tres recursos para poder interpretar correctamente los resultados.

- *¿Cómo le informaran sobre la CPU una vez que la evaluación se haya completado?*

- *¿Las medidas de CPU recogidas se pueden trasladar con facilidad a las instalaciones centralizadas?*

- *En cuanto al almacenamiento, ¿cómo funciona el filtrado?*

- *¿Se puede determinar la cantidad de datos de usuario que están fuera de las aplicaciones y de los datos del sistema operativo?*

- *¿Conoce el nivel de actividad de almacenamiento (o IOPs) para los escritorios y las aplicaciones?*

Las evaluaciones también pueden proporcionar información sobre el rendimiento de la red de área local (LAN), aunque generalmente éstas no son tan importantes considerando el proceso global. Es importante comprender el uso del ancho de banda de la red LAN para cada escritorio, pero no es necesariamente crítica para la toma de decisiones ni para el proceso del modelado. Puede haber un aumento en el uso de la red cuando las aplicaciones virtuales se envían a los escritorios físicos desde la red, así como con los hipervisores del lado del cliente. En estos casos, es importante asegurar que los dispositivos de cliente dispongan de suficiente capacidad de red que les comunique con la central donde se almacena la información.

Las conexiones a las centrales y a la red de área extensa (WAN) en general, deberían de ser examinadas en detalle durante la fase de evaluación. En el nivel más básico, debe tener en cuenta la siguiente información específica: el tipo, la capacidad, las estadísticas de uso, la latencia típica de la central más cercana (es una medida de tiempo que indica cuanto tiempo tardan los datos en viajar de un lugar a otro dentro del circuito de datos), los acuerdos de nivel de servicio y el coste de cada circuito. Algunas herramientas de evaluación analizan y recogen información útil sobre el rendimiento de la red. Con el fin de evaluar toda la información de red, se deben revisar las estadísticas de red y los datos de monitoreo de otras fuentes, así como involucrar al personal cualificado de redes en el análisis y en la recogida de los datos.

Los datos de la WAN y las implementaciones de los escritorios virtuales son muy buenos ejemplos del movimiento del flujo de información para diseñar el análisis mencionado anteriormente en este capítulo. El proceso de evaluación debe proveerle de los indicadores generales que afectan al diseño de su estructura de escritorio virtual. Por ejemplo, seleccione un lugar como candidato para la centralización de los escritorios virtuales. Una parte crítica de la tecnología que se seleccionará durante el análisis del diseño es el protocolo usado para transmitir la información a la localización seleccionada como candidato. Dicho protocolo tendrá ciertos requisitos de red, tales como la capacidad por usuario (ancho de banda de red) o el límite de tiempo que pueden tardar los datos en viajar a esa localización (la latencia de red). En algunos casos, esta elección de protocolo podría requerir cambios en la WAN para que ésta soporte los escritorios virtuales.

Cuando esta información se evalúa en el análisis del diseño, el coste y el efecto total de estos cambios podrán ser entendidos dentro del contexto del resto de las variables consideradas. Si un determinado protocolo tiene demasiados requisitos, se podrían tener en cuenta tecnologías alternativas para esta parte del diseño. Este es un caso donde la evaluación y la ejecución resultante del análisis del diseño pueden ayudarle a "conocer" la WAN y los protocolos específicos. El análisis del diseño le identificará las áreas donde "no sabe que es lo que no sabe" y le requerirá que realice una mayor investigación, o que revise el diseño para "conocer" los efectos que conlleva la elección de un protocolo específico.

Otra área a incluir como parte de la evaluación física es el consumo de energía de los ordenadores personales. Algunas herramientas de evaluación le darán información detallada del consumo, mientras que otras no pueden. Si su herramienta de evaluación proporciona la cantidad de tiempo que los usuarios están conectados y activos, puede utilizar una ecuación de consumo de energía simple para obtener este valor.

Para calcular la tasa de consumo, se multiplica el número total de PCs y portátiles por su consumo promedio de energía (150W para equipos de sobremesa / 50W para portátiles) y se divide por 1000. Para 500 PCs de escritorio esta fórmula sería la siguiente:

$$500 \ (PCs) * 150W = 75.000W$$

Puesto que la electricidad se factura en kilovatios hora (kWh), dividiremos el resultado entre 1000 para convertirla en kWh.

$$75.000W \div 1000 = 75kWh$$

Por lo tanto, estas 500 PCs de escritorio tienen 75kWh de consumo eléctrico. Multiplique esto por el número promedio de horas que los ordenadores están encendidos para obtener el número total de kilovatios-hora de su oficina.

$$75kWh * 8 = 600kWh$$

Una vez conocido el consumo local en kW/h y el precio de su proveedor (estos valores cambian), podremos estimar el gasto mensual en consumo eléctrico de los PCs de escritorio. Tomando por ejemplo un coste de 0,15 € por kWh, nos daría lugar a un coste de

2.700 € al mes tener encendido los PCs durante 8 horas al día. Sería más del doble de esta cantidad si se trabajase toda la noche.

Las instalaciones centralizadas que usan dispositivos de cliente ligero utilizan la energía y la refrigeración del centro de datos, provocando un cambio o una variación en los costes de operación que se deben tener en cuenta. Si está pensando en la reutilización de equipos como parte de una implementación de escritorios virtuales centralizados, no se olvide de comparar el ahorro de energía ofrecida por los nuevos dispositivos y tenga en cuenta el aumento del consumo de energía que se sumará a sus gastos anuales. Para algunas empresas, el consumo de energía anual puede tener hasta seis cifras. Puesto que los clientes ligeros consumen menos del 10% de la potencia requerida por el PC, estos podrían ser una opción mejor que la de reutilizar los PCs. Cuando se reutilizan equipos en implementaciones centralizadas, es esencial conocer que la adición de equipos dentro del centro de datos dará lugar a una *ganancia neta* del consumo de energía.

Una vez que se ha realizado el estudio del consumo de energía y se han evaluado todos los componentes físicos, ya está preparado para llevar a cabo gran parte del diseño de los escritorios virtuales y el análisis de la solución. Esperamos que ahora tenga una idea de la complejidad de las evaluaciones de los escritorios virtuales y comience a considerar cómo llevar a cabo una en su propia empresa.

Evaluación de las Aplicaciones

Las dos áreas restantes del proceso de evaluación de los escritorios virtuales se refieren a las *aplicaciones* y a los *usuarios*. Desafortunadamente, en estas áreas también se incluyen diferentes tipos de datos y no son menos complicados que la parte física. Debido a que están abiertos a un cierto nivel de interpretación, siempre existe la posibilidad de que la información recogida durante la evaluación sea menos precisa que los datos recogidos por el software de evaluación. Independientemente de que se realice internamente o por un proveedor externo, sea muy cuidadoso con las aplicaciones y con el análisis de los usuarios. Toda esta información se debe completar con el conocimiento y la experiencia más detallada de los usuarios.

Las herramientas automáticas de evaluación proporcionan una gran cantidad de información sobre los hábitos del usuario, como cuándo comienzan a trabajar en sus escritorios a la mañana, que aplicaciones utilizan y si estas aplicaciones son buenos candidatos para la virtualización de aplicaciones. Muchos incluso le darán información sobre la experiencia de los usuarios, como puede ser, el tiempo que tarda en arrancar una aplicación. Esta información es útil en todas las fases del proyecto, desde la evaluación hasta la entrega y su posterior gestión. Por ejemplo, comparando los tiempos de arranque de las aplicaciones antes y después de implementar los escritorios virtuales puede determinar si las aplicaciones virtuales arrancan más rápidamente que las aplicaciones instaladas, lo que le permite cuantificar la mejora de la experiencia del usuario.

A medida que transcurre el proceso de evaluación de los escritorios virtuales y su diseño, debe tener en cuenta los puntos de partida para la posterior implementación. Lo lógico es comenzar con la evaluación, realizar el diseño, hacer una prueba piloto o prueba de concepto y a continuación pasar a la implementación. La mayoría de las soluciones de escritorio virtual utilizarán una cierta cantidad de aplicaciones virtuales debido a que su uso afecta a la calidad del diseño y a la implementación. Implementar las aplicaciones virtuales antes de utilizar los escritorios virtuales suele ser, en general, un enfoque más conveniente para algunas empresas.

Muchos de los que están leyendo este libro podrían estar utilizando la virtualización de aplicaciones. En ese caso, la información de la evaluación de escritorios virtuales se debe utilizar para considerar un uso más completo de la tecnología, en última instancia, facilitar la transición de los escritorios tradicionales a sus homólogos virtuales. Se podría decir que la aplicación de esta tecnología con las estaciones de trabajo actuales (con o sin el uso de la infraestructura de escritorio centralizado o de cliente) resulta en un conjunto de escritorios físicos híbridos.

Dejando la implementación a un lado, una evaluación de aplicaciones incluye la información de tres áreas:

- Las herramientas automatizadas
- Los costes de soporte de las aplicaciones

- El coste de las licencias

Para la obtención de estos datos es posible que tenga que recoger una gran cantidad de información de fuentes dispares y potencialmente difíciles. Por supuesto, cuanta más detallada y precisa sea la información, mejor será la correspondiente evaluación y diseño. Hay que entender que además de la información que le hayan proporcionado las herramientas automatizadas, puede que se vean obligados a realizar estimaciones o SWAGs (Scientific Wild Ass Guesses) para parte de la información requerida.

Es probable que la información que reúna no sea exacta, pero debe ser lo más completa posible. También ayudará saber cuáles son las debilidades de sus datos, no necesariamente para solucionarlos, sino para identificar los riesgos potenciales y trabajar para minimizarlos en el análisis del diseño.

El software de evaluación automatizado le proporcionará una lista de aplicaciones y le indicará cuales de ellas son virtualizables. También le dará un inventario completo de las aplicaciones que están en uso en un grupo de usuarios específico, así como qué aplicaciones están instaladas pero no se utilizan. Hay información complementaria que las herramientas de evaluación no son capaces de proporcionar, por ejemplo el coste de soporte para las aplicaciones. Aunque sólo pueda estimar estos costes, las aplicaciones que requieran de un alto coste de soporte son los que deben ir a la cabeza en su lista de candidatos para ser virtualizados.

La virtualización de aplicaciones o virtualización de sesión no requieren necesariamente de una completa infraestructura de escritorio virtual, con ello facilitan los primeros pasos, se obtiene beneficios más inmediatos y simplifican la transición global a una infraestructura de escritorios virtuales. A medida que se recoge esta información y se considera este enfoque, puede ser muy útil separar los gastos de soporte en porcentajes que se puedan atribuir a problemas físicos, problemas de aplicaciones y problemas de sistemas operativos. Si su equipo es realmente serio (detallado, persistente o creativo) creará estimaciones de gastos de soporte o puntuará a cada aplicación de escritorio individual y a sus componentes en base a ello.

Durante la fase de evaluación, es importante tener en cuenta los motivos del soporte de las aplicaciones. Si hay problemas con los servidores que ejecutan estas aplicaciones o si son difíciles de utilizar y tienen un montón de errores, la virtualización de aplicaciones o de sesión probablemente no mejorará la eficiencia de las aplicaciones ni disminuirá los costes de soporte. Además, algunas aplicaciones pueden no ser virtualizables debido a ciertas dependencias u otros atributos únicos. Este es un ejemplo perfecto de por qué es tan importante que revise su lista de aplicaciones candidatas para ser virtualizadas con el personal de soporte, con los administradores de red y con los usuarios expertos. Esto le permitirá confirmar que la aplicación es un candidato *cualificado* y podrá anotar cualquier otra consideración técnica.

La tercera y última información a recoger durante la fase de evaluación de la aplicación son los costes de las licencias. Las herramientas de evaluación deben mostrarle las aplicaciones *instaladas* y las *utilizadas*. Estos datos, combinados con el uso de la tecnología de escritorio virtual que ofrece aplicaciones sólo cuando el usuario las utiliza, podrían reducir los costes de licencias de su organización. Esta reducción de costes se puede dar en un gran número de maneras, tal como la eliminación de las licencias asignadas a los usuarios que no utilizan dichas aplicaciones. No haga suposiciones acerca de las licencias de usuario final (EULAs).

Al considerar la migración de aplicaciones y actualizaciones, examine los temas relacionados con las licencias con los proveedores de las aplicaciones para poder evaluar cualquier impacto en la virtualización de aplicaciones y en la virtualización de sesión, sobre todo en los referentes a los costes de las actualizaciones de software o gastos anuales de mantenimiento. ¡Algunos vendedores en realidad tienen costes diferentes para las aplicaciones que se ejecutan en escritorios virtuales! Además, la virtualización de aplicaciones puede limitar o eliminar el soporte del proveedor en ciertas aplicaciones específicas.

Ya que los costes en la evaluación de aplicaciones consisten en los costes de soporte, costes de licencia y las posibilidades de las aplicaciones a ser virtualizadas, las consideraciones generales descritas en esta sección hacen que esta parte de la evaluación parezca relativamente fácil. Y es fácil – para cada aplicación *individual*.

Se hace mucho más difícil cuando se tienen en cuenta *todas* las aplicaciones de una empresa. Basta con pensar en hacerlo para 200, 500 o incluso 5.000 aplicaciones diferentes.

¿Qué pasaría si su empresa no tuviese o no pudiese producir un inventario completo de aplicaciones? La repetición de este proceso para cada aplicación individual sería muy difícil y podría verse obligado a agrupar aplicaciones, limitar el alcance de las evaluaciones, o basarse principalmente en la información proporcionada por las herramientas de evaluación automática.

Estos ajustes del mundo real son totalmente aceptables, siempre y cuando se identifique el estado de los riesgos potenciales que puedan estar implicados al limitar el análisis de la aplicación. La falta de análisis puede tenerse en cuenta en el análisis del diseño permitiéndole ver los riesgos generales de una solución o tecnología concreta.

Un buen ejemplo de ello es la comparación de las tecnologías de escritorio virtual centralizado a las tecnologías de escritorio del lado del cliente en cuanto al rendimiento visual de una aplicación. Las tecnologías centralizadas tienen un componente de protocolo de red y la conexión tiene un efecto sobre el rendimiento visual de una aplicación. En general, esto no tiene que ser considerado en las implementaciones de escritorios virtuales del lado de cliente, por lo tanto, el análisis del diseño tendrá diferentes casuísticas dependiendo del rendimiento visual de ciertas aplicaciones.

Los riesgos específicos y diferentes enfoques de las tecnologías de escritorio virtual, afectan tanto a los *usuarios* y a su productividad, como a los *sistemas centralizados*, su fiabilidad, escalabilidad y rendimiento. Los efectos sobre los usuarios podrían ser aceptables, tales como limitaciones potenciales del sistema, o mitigados a través de procesos o cambios de diseño técnico. Al pasar por la evaluación y recopilación de todo tipo de información acerca de los sistemas físicos y las aplicaciones, vuelva a recordar lo expuesto en el capítulo uno, de esta manera refrescará la memoria de por qué la productividad y la satisfacción del usuario también son importantes.

Evaluación del Usuario

El propósito principal de la evaluación, en lo que respecta a los usuarios, es resumir la información sobre su experiencia actual para disponer de una base para diseñar, con suerte, la mejor solución. Algunas herramientas de evaluación hacen todo lo posible para cuantificar la experiencia del usuario en algo que se pueda medir. Muchos incluso ofrecen una manera de comparar los datos antes y durante una prueba de concepto para demostrar un rendimiento aceptable. Si bien estos datos cuantitativos son valiosos, no deben ser tomados como el único medio de asegurar la satisfacción del usuario y el rendimiento del sistema.

Piense en el ejemplo del centro de llamadas de George del capítulo uno, ¿recuerda a los usuarios que se sintieron frustrados cuando el negocio se expandió y el sistema de escritorio virtual se ralentizó? Mientras que en el ejemplo se muestra la necesidad de un monitoreo constante del desempeño después de la implementación, ésta necesidad no habría aparecido ni en una evaluación, ni en una prueba de concepto. La experiencia que los usuarios experimentaron en la prueba de concepto era que el sistema era mucho más rápido que aquello a lo que estaban acostumbrados. ¿Qué pasa si ocurre lo contrario? ¿Qué pasa si ha cuantificado la tolerancia de los usuarios durante la fase de evaluación y luego durante la prueba de concepto con ellos ve que los usuarios se frustran u observa una reducción de la productividad?

Evaluar el estado actual del usuario y la experiencia es una tarea difícil. Aunque disponga de herramientas para ayudarle en la cuantificación de esta información durante la fase de evaluación, asegúrese de incluir la información práctica que obtiene al hablar con los usuarios finales y supervisores de las unidades de negocio. Considéreles expertos en lo referente a la experiencia general del usuario, a sus equipos de escritorio y sus aplicaciones. Valore sus aportaciones y utilícelas junto con la información que recoja a través del análisis técnico.

A medida que avanza al siguiente capítulo y en el próximo paso de su viaje hacia el escritorio virtual comenzará a diseñar y comparar diferentes soluciones a través del proceso del análisis del diseño. Sus evaluaciones sobre el escritorio físico se convertirán en las necesidades físicas de sus nuevas soluciones. La evaluación de las aplicaciones y de los usuarios determinará la tecnología con la que trabajarán diariamente los usuarios finales y los administradores, y cómo estas soluciones afectarán a su personal de soporte.

La evaluación física, de las aplicaciones y de los usuarios es crítica para el éxito del diseño de los escritorios virtuales. Adicionalmente al uso de herramientas automatizadas, es esencial que hable cara a cara con los usuarios finales y los supervisores. Sin una evaluación de calidad, estará construyendo una plataforma de escritorio virtual sin información. En cambio, cuanto mejor sea su evaluación, mayor será su capacidad para comparar diferentes soluciones, entender las áreas clave de riesgo y avanzar hacia un estado en el que "sepa" diferenciar la solución correcta de la equivocada.

Capítulo 4:
Análisis del Diseño de Soluciones de Escritorio Virtual

En el capítulo tres, hablamos sobre la fase de evaluación de un proyecto de escritorios virtuales. También le mostramos numerosas referencias sobre el proceso del análisis del diseño, el cual será examinado en detalle en este capítulo. El análisis del diseño es importante porque es el punto en el que usted y su organización comienzan a tomar decisiones acerca de los escritorios virtuales. Estas decisiones tienen un impacto en toda su organización, comenzando por los usuarios finales y su productividad, hasta el equipo de IT y las habilidades que necesitan para hacer su trabajo. Estas decisiones también afectan de manera dramática en el coste de un proyecto de los escritorios virtuales.

Antes de comenzar un análisis de diseño, es necesario entender exactamente cuál es el proceso y cómo se debe utilizar en un proyecto de escritorios virtuales. El análisis del diseño no es un procedimiento formal y bien definido. Dependiendo de las metodologías de su empresa o los de sus proveedores puede haber variaciones en el proceso, puede ser que su empresa exija que sus presupuestos y proyectos de TI se definan de una manera específica. El resto de este capítulo le proveerá de un marco de alto nivel, similar a las secciones de evaluación, analizando las seis áreas más importantes a considerar cuando se realiza un análisis del diseño. Este marco requerirá ser personalizado para satisfacer las necesidades de su organización.

Las secciones que se tratarán en el análisis del diseño son:

1. **Componentes del análisis del diseño**

2. **Recursos físicos centralizados**

3. **Plataforma de escritorio virtual**

4. **Administración**

5. **Aplicaciones**

6. **Acceso del Cliente**

A medida que explore las tecnologías de escritorio virtual, en los proveedores y en la gran cantidad de material informativo y comercial que existe actualmente encontrará muchos métodos para pasar de la evaluación a la implementación. Estos métodos a menudo incluyen el diseño, la prueba de concepto y los pilotos como el punto intermedio entre la evaluación y la producción total. El análisis del diseño es una subetapa de dos partes dentro del proceso del diseño general y tiene dos funciones principales.

La primera función es el **análisis de la evaluación,** en ella se revisará, estudiará y se documentará la información de la evaluación. Una vez que esto se haya completado, entraremos en la fase de diseño y cabrá la posibilidad de entrar en un bucle hasta que el análisis de la evaluación esté refinado por el equipo de diseño.

La segunda función es el **análisis del diseño,** ésta se produce tras el diseño y examina todos los requerimientos del diseño, los costes y las configuraciones. Habrá un segundo bucle durante el análisis del diseño en el que los resultados cuantitativos del análisis provoquen cambios en el diseño. A continuación se muestra una visión general del proceso:

Figura 4.1 — Proceso de Análisis del Diseño

El análisis de la evaluación tiene más valor cuando se realiza inmediatamente después de la fase de evaluación. Idealmente, la información de los análisis de evaluación se traduce en un diseño, y luego la información del diseño se pasa al análisis del diseño. Si quiere profundizar aún más, una vez que haya pasado por este proceso, los documentos y los modelos pueden ser utilizados para ayudarle a mejorar el diseño durante la prueba de concepto.

Un análisis del diseño es un conjunto físico de documentos y hojas de cálculo que representan la información con la que se está trabajando. Dado que el público principal de este libro se compone de profesionales que toman las decisiones técnicas y de negocio con diversos niveles de conocimiento, los procesos que se describen a continuación se centrarán en la creación del análisis del diseño utilizando sólo un pequeño conjunto de documentos y hojas de cálculo.

Componentes del Análisis del Diseño

Un simple análisis del diseño de los escritorios virtuales requiere de la creación de tres juegos de documentos:

1. Documentos de requisitos (lista de los requisitos del proyecto)

2. Documentos de diseño (describe la solución)

3. Hoja de cálculo de los costes del modelo (muestra cómo se unen entre sí los dos documentos y la información de la evaluación)

El proceso secuencial de la creación de estos documentos será el siguiente:

1. Resumir la información de la evaluación

2. Crear documentos con los requerimientos

3. Diseño de los requisitos

4. Modelar y redefinir el diseño con la hoja de cálculo del modelo de costes.

Una vez que la información de la evaluación esté resumida y los documentos de requisitos estén completos, es posible que haya condiciones de diseño en el que el equipo debe saber X o Y, necesitando examinar con más detalle la información referente a la evaluación u obtener nuevos datos. Una vez que los documentos de diseño y del modelo de costes inicial estén completados, es probable que genere un modelo de costes refinado mientras prepara y completa la prueba de concepto y las fases de prueba de la tecnología.

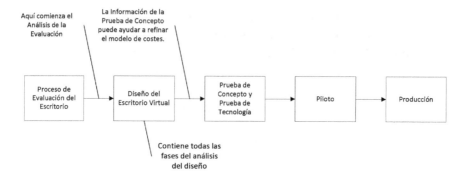

Figura 4.2 — Organigrama General

El documento de diseño de una solución de escritorios virtuales suele ser un documento técnico y va dirigido al personal técnico, a los consultores y a los proveedores. Tiene un alcance similar a otros documentos de diseño que habrá visto o creado, cubrirá las necesidades y los problemas de su proyecto de escritorios virtuales con soluciones documentadas. Debido a la naturaleza técnica de un documento de diseño, este capítulo no será una guía paso a paso sobre cómo crear una. Pero le preparará para la tarea de crear y cubrir algunas de las maneras en las que se utilizan los documentos de requisitos y modelos de costes junto con un documento de diseño.

Los documentos que describen los requisitos del proyecto se utilizan en el diseño técnico *y* en la creación de un modelo de costes. El propósito del modelo de costes es doble. En primer lugar, enlaza los requisitos del proyecto con el diseño. En segundo lugar, permite cuantificar el diseño, de manera que las relaciones importantes pueden ser identificadas y comprendidas. *Un modelo de costes no es más que una hoja de cálculo que describe las relaciones numéricas entre las distintas partes de un proyecto.*

La hoja de cálculo del modelo de costes debe incluir valores numéricos y funciones con la información de la evaluación, los requisitos y la información de los proveedores, y se actualizará automáticamente cuando se modifiquen los requerimientos, los problemas o los elementos del diseño.

Por ejemplo, el número total de servidores para albergar escritorios en el centro de datos se puede representar como una función de:

Número total de usuarios / Usuarios recomendados por máquina

o

Información de la evaluación / Información del vendedor

En un modelo real se utiliza una fórmula más compleja que tiene en cuenta muchas de las variables requeridas para hacer una estimación, tales como los tipos de usuarios (uso bajo / medio / intenso) o los factores limitadores de hardware (memoria total / procesadores). Esta información le será muy útil, le calculará requisitos tales como el número de servidores que debería tener o la cantidad de energía que utilizará, y también le ayudará a calcular con precisión el capital estimado y los costes operativos de los distintos diseños técnicos.

Documentos de Requisitos

Hay tres tipos de documentos de requisitos:

1. Análisis del Impacto en el Proceso de Negocio
2. Análisis del Escenario del Usuario final
3. Documento de Requisitos

Análisis del Impacto en el Proceso de Negocio

El análisis del impacto en el proceso de negocio describe los procesos básicos de negocios que se verán afectados por la tecnología de escritorio virtual. Puede o no describir cómo van a cambiar estos procesos. Como muchos de estos serán procesos técnicos, la generación de estos documentos debe involucrar al personal técnico.

Análisis del Escenario del Usuario final

El análisis del escenario del usuario final es simplemente una colección de casos de uso en los que se describe cómo los usuarios finales utilizan actualmente el sistema. Estos documentos pueden o no incluir una descripción del estado futuro y de la manera en que el usuario utilizará el nuevo sistema. Si se incluyen estos estados futuros, asegúrese de incluir tanto los casos de uso técnicos como los casos de uso de negocio para el futuro estado. Los casos de uso técnicos son las descripciones de los eventos técnicos que ocurren cuando los usuarios finales utilizan un sistema, mientras que los casos de uso de negocio son descripciones no técnicas del punto de vista del usuario.

Documento de Requisitos

El documento de requisitos enumera una serie de declaraciones *comprobables* que describen los requisitos exactos que un diseño y un sistema de producción deben cumplir. Estos requisitos incluirán casos concretos como "cada usuario tendrá un mínimo de 30GB de espacio de disco personal" o "el sistema permitirá 1.500 conexiones simultáneas", y deben ser verificados al final del proyecto.

Algunas implementaciones pueden tener un gran número de requerimientos. No se centre en el número actual de requerimientos, sino en asegurarse que el documento de requisitos sea completo y minucioso. A medida que avanza a través del diseño, la prueba de concepto y la fase piloto, no sea reacio a modificar estos documentos en caso de que los requisitos originales o el diseño hayan cambiado.

Alcance del documento

Hay un valor en mantener el análisis del diseño tan simple como sea posible. *Simple* es un término relativo, por lo que depende de usted y su equipo decidir qué nivel de esfuerzo y de detalle es necesario y apropiado. En gran parte, el nivel de esfuerzo será dictado por el alcance de su evaluación de escritorio virtual. Si evalúa un gran número de usuarios con diferentes tipos de escritorios y aplicaciones, necesitará un análisis más complejo y detallado. No importa cuántos usuarios evalúe, sigue siendo necesario realizar un análisis completo y exhaustivo del diseño.

La información que obtenga a partir de la evaluación debe permitirle describir completamente los procesos de negocio, los escenarios de casos de uso y los requisitos. Una manera fácil de empezar a usar la información de la evaluación es convertirlo en estamentos y requerimientos simples y luego categorizar estos requerimientos en una de estas tres opciones:

1. Describir el proceso de negocio y cómo va a cambiar.

Por ejemplo: La contratación de un nuevo empleado requiere de la realización de una imagen de un PC y su asignación al nuevo usuario. Utilizando una solución de escritorio virtual, los nuevos empleados sólo tienen que ser asignados al grupo de escritorio virtual correcto y ser provistos de un dispositivo de cliente ligero para su conexión.

2. Describir los escenarios de los usuarios finales con los problemas que puedan encontrar.

   Por ejemplo: Los comerciales necesitan mucha movilidad y requieren de ordenadores portátiles con aplicaciones y acceso off-line. Por lo tanto, no son candidatos para una solución de escritorio virtual centralizado a menos que éste tenga la capacidad para trabajar offline.

3. Describir los requisitos de su solución en una sola frase.

   Por ejemplo: La solución será utilizar la capacidad existente en los centros de datos de Chicago y Sao Paulo.

No toda la información de su evaluación se traducirá en procesos de negocio o escenarios de usuario final. En su lugar, mucho de ello se traducirá directamente en requerimientos. Una vez que complete estos tres primeros documentos, dispondrá de un conjunto de problemas y requerimientos que el equipo de diseño deberá considerar y presentar las soluciones pertinentes en los documentos de diseño. Las soluciones propuestas en los documentos de diseño se pasarán a los modelos de costes, cuantificando las decisiones de diseño y ayudándole a entender las relaciones entre el diseño y los costes generales del proyecto.

Como se mencionó anteriormente, una vez que complete el diseño y comience la fase de prueba de concepto, podrá optar por mantener o descartar los documentos de diseño. A medida que avance por la siguiente mitad de este capítulo, considere estos documentos de diseño como una serie de documentos vivos que se pueden modificar en cada fase crítica de su proyecto de escritorios virtuales. Conservar y

---

utilizar estos documentos de diseño de esta manera le ayudará a mejorar las sucesivas fases del proyecto por:

1. La adición de problemas que no se tuvieron en cuenta en el diseño,

2. ajustar los aspectos desconocidos del diseño, y

3. permitir una comprensión más exacta y aumentar la precisión de los costes del proyecto.

La voluntad o la capacidad de liderazgo técnico y empresarial para llevar a cabo un análisis de diseño puede variar considerablemente. La cantidad de trabajo y los resultados obtenidos pueden ser infravalorados bajo la presión del mundo real. La siguiente parte de este capítulo le ayudará a entender las relaciones entre las diversas tecnologías para virtualizar los escritorios a través de un esquema simple del proceso del análisis de diseño. Esperemos que esto pruebe que, incluso bajo esas presiones del mundo real, realizar el proceso del análisis del diseño resulta en una solución de mayor calidad, un mayor consenso entre los equipos y una reducción de los riesgos – todos ellos críticos para el éxito de cualquier proyecto de gran envergadura.

Tal y como se describe al comienzo de este capítulo, es más fácil realizar un análisis de alto nivel mediante el uso de estas cinco categorías:

1. Recursos Físicos Centralizados

2. Plataforma de Escritorio Virtual

3. Administración

4. Aplicaciones

5. Acceso del Cliente

Toda la información que se recoge durante las evaluaciones se resumirá en una de estas cinco categorías. Estos se utilizan para agrupaciones genéricas y no representan a componentes aislados. Es importante tener en cuenta que las decisiones que tome en una categoría afectarán al resto de categorías.

Debido a que las cinco categorías están involucradas en todos los documentos, puede que sea mejor comenzar con las categorías que sean más familiares y más fáciles de completar. A medida que comience a llenar las secciones de la hoja de cálculo del modelo de costes, comenzará a interiorizar información, por lo que le será más fácil comprender y abordar las incógnitas que le surjan. Si tiene dudas, no se detenga en la construcción de su modelo – simplemente marque el contenido como desconocido y continúe. Las dudas se pueden resumir e identificar como la parte más débil de su análisis global. ¡Esta información es muy importante! Una vez que identifique las debilidades, podrá aclararlos uno a uno a través de un proceso de exploración, descubrimiento, reevaluación y/o experimentación.

En las siguientes secciones se examinan cada una de las cinco categorías de nivel superior, comenzando con los recursos físicos y trabajando a través del dispositivo de acceso de cliente situado en el puesto de trabajo del usuario. En cierto modo, se podría decir que es un proceso secuencial que comienza en el enchufe del centro de datos y llega hasta el teclado del puesto de trabajo del usuario. Este es un proceso informativo para la evaluación y el diseño, usa el enfoque de la hoja de cálculo del modelo de costes y secundariamente del resto del conjunto de documentos. El siguiente gráfico muestra cómo se asignan y se referencian los datos en su uso dentro de la hoja de cálculo de costes.

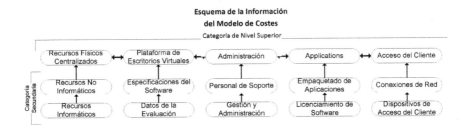

Figura 4.3 — Esquema de la Información del Modelo de Costes

Recursos Físicos Centralizados

Su modelo de costes de escritorios virtuales incluye dos categorías físicas de alto nivel. La primera agrupa los recursos centralizados *no informáticos* que consumirá una solución propuesta. Nos referimos a la energía, al ancho de banda, espacio en el rack y la refrigeración. Estos son los recursos básicos que requiere cualquier solución centralizada dentro de un centro de datos. La segunda categoría agrupa los *recursos informáticos físicos*. Estos elementos son los sistemas físicos tales como el almacenamiento y los servidores que consumen energía, ancho de banda, espacio en el rack y requieren de refrigeración.

Estas dos categorías de alto nivel juntas contienen cifras muy importantes y pueden variar significativamente dependiendo de las soluciones que elija para la plataforma de escritorios virtuales, la administración, las aplicaciones y las categorías de acceso de clientes. Una manera de enfocar esto es pensar: "Si elegimos el software de virtualización de escritorios de A, entonces necesitaremos hardware de B que consume una cantidad de energía C y necesita de refrigeración D". Pero cuando hace el análisis de la evaluación resulta que este enfoque es erróneo. Primero debe conocer los requisitos adicionales del centro de datos para utilizarlos en el diseño, y luego reflejarlos en un conjunto de documentos del modelo de costes y del diseño.

Con el fin de generar el primer conjunto de requisitos, debe clasificar los recursos centralizados como potenciales limitaciones. Calcule cuanto espacio y cuanta energía tiene disponible en los centros de datos actualmente.

- *¿Dispone de la capacidad necesaria para cubrir las previsiones durante los próximos 12 – 24 meses?*

- *¿Estos pronósticos consideran una instalación de escritorios virtuales centralizada?*

- *¿Su centro de datos dispone de una capacidad extra de energía o refrigeración?*

- *¿Está alquilando espacio de un proveedor externo?*

o Si es así, ¿Entiende las limitaciones que existen en torno a la expansión, los costes de energía y el aumento de gastos en sus instalaciones?

La comprensión de la capacidad de su centro de datos como una limitación de recursos le permitirá generar un conjunto de requisitos para el diseño del proyecto de escritorios virtuales. Imagínese que compra una solución de escritorios virtuales centralizada sin tener en cuenta la capacidad del centro de datos.

Aquí hay tres escenarios posibles:

1. Su centro de datos tiene mucha capacidad extra y todo irá bien.

   Consecuencias: Ninguna.

2. Su centro de datos tiene capacidad extra pero requerirá de algún tipo de expansión.

   Consecuencias: se inicia el proyecto de virtualización de escritorios, encuentra un gasto de entre 5-7 cifras que se sale del presupuesto y añade de entre 2 a 18 meses de retrasos en el proyecto debido a que se requiere de otro hardware (podría no ser solo su proyecto de escritorios virtuales).

3. Su centro de datos tiene una capacidad adicional muy pequeña.

   Consecuencias: acaban de invertir dinero en licencias de software y hardware que ni siquiera puede desplegar.

Preste especial atención a la densidad de usuarios que una solución centralizada puede soportar. Una vez que haya completado un diseño, refine el modelo de costes para calcular exactamente los recursos que consumirá una solución particular y los gastos de funcionamiento del centro de datos. De esta manera estará seguro de que:

1. La solución propuesta no consume más capacidad de la que está disponible en el centro de datos.

2. Los gastos operacionales del centro de datos de la solución propuesta se ajustan al presupuesto asignado.

3. Que realmente puede comparar más de una solución de escritorio virtual sobre el fondo del coste total atribuido a los gastos operativos del centro de datos.

Una vez que haya incorporado la cantidad de recursos disponibles en el centro de datos, el siguiente paso es establecer los cálculos para conocer el número total de servidores y equipos de almacenaje que necesitará para un diseño. Una vez que tiene un diseño que cumpla con los requisitos, puede completar los cálculos para determinar las cantidades y tipos de recursos informáticos físicos que necesita.

El documento de diseño final debe contener las configuraciones de hardware recomendadas. Esa información se puede plasmar en la hoja de cálculo del modelo de costes como fórmulas que relacionen los requisitos del diseño con los recursos que cada servidor consumirá – vinculando así toda esta información.

Los cálculos de las áreas de gastos de capital en hardware y los gastos operativos, como la energía y el uso de refrigeración, le ayudarán a conocer el verdadero coste del diseño. Utilice esta información para comparar las diferentes soluciones y hacer nuevas mejoras en el diseño. Una vez completada, la información también puede ser tomada en una prueba de concepto para validar las hipótesis y las estimaciones.

A continuación se muestran buenos puntos de partida para comenzar la sección de los Recursos Físicos Centralizados del análisis del diseño:

1. Conocer la carga actual del centro de datos y la disponibilidad de los recursos consumibles como la energía, el espacio y el aire acondicionado.

2. Valore su habilidad de predecir con exactitud la capacidad de los centros de datos, incluyendo los escritorios virtualizados.

3. Compare la solución de los escritorios virtuales centralizados con una solución de escritorios virtuales del lado de cliente, éstos requieren menos recursos del centro de datos.

4. Liste cada recurso físico que una solución de escritorio virtual pueda necesitar como requisito.

5. Considere las limitaciones geográficas y/o tecnológicas que
    actualmente pueda tener su centro de datos, tales como los
    tipos de almacenamiento o servidores, como posibles
    requisitos.

Plataforma de Escritorio Virtual

¿Ha pensado en cómo seleccionará el software de la plataforma de
escritorios virtuales? Puede que evalúe las tres soluciones principales
y ver cómo y dónde pueden ser utilizados con diferentes grupos de
usuarios. Por otra parte, puede estar abierto a las tecnologías menos
convencionales que hacen un uso muy eficiente de los recursos
centralizados.

- *¿Necesitará más de un modelo de escritorios virtuales
  para las diferentes unidades de negocio y/o necesidades
  de los usuarios?*

- *¿Está considerando sólo escritorios virtuales del lado del
  cliente y no tendrá que preocuparse acerca de los recursos
  centralizados?*

Un análisis del diseño influirá en su proceso de selección de soluciones
ayudándole a detectar los requerimientos necesarios que el diseño
debe abordar. Al mismo tiempo, le ayudará a determinar el coste total
de una determinada solución. En realidad, las características técnicas y
administrativas, así como los proveedores, le alejan de una selección
basada exclusivamente en las necesidades y el coste. Por tanto, es
importante modificar este marco de análisis del diseño para incluir
requisitos adicionales a partir de los criterios generales de selección de
soluciones.

Al igual que la categoría de los recursos físicos centralizados, esta
parte de su análisis del diseño tendrá un valor durante el análisis de la
evaluación, pero la mayor parte del beneficio proviene de la capacidad
de analizar un diseño a través del modelo de costes.

En primer lugar, la hoja de cálculo debe contener todos los valores
pertinentes y útiles de su evaluación, tales como el número de
usuarios que tiene, la frecuencia con la que están utilizando sus
computadoras, CPU, las necesidades de memoria, etc. La mayoría de

esta información de evaluación se puede traducir directamente en requisitos para su uso en su diseño. Tal y como se muestra en la Figura 4.3, una vez que tenga un diseño completo, puede insertar las especificaciones y los costes del software en la hoja de cálculo transfiriendo el coste del software que su organización va a utilizar a un formato que pueda ser analizado.

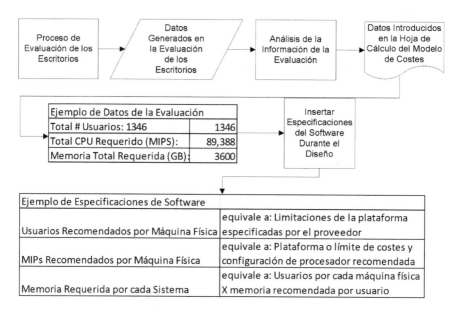

Figura 4.4 — Datos de Evaluación y Especificaciones de Software

La segunda tarea para la que se utiliza la hoja de cálculo es la de vincular la solución de software y sus recursos físicos necesarios dentro del modelo de costes. Este es el enlace entre esta sección del modelo de costes y la categoría de recursos físicos centralizados discutidos previamente. Relaciónelos utilizando la información de su evaluación como fuente de datos para potenciar los cálculos para las cantidades de software descritas en su diseño. Una vez que tenga estos cálculos, extraiga los requisitos de hardware y posiciónelos en la categoría de recursos físicos requeridos. De esta manera habrá establecido una relación entre la plataforma de escritorios virtuales y la sección central de recursos físicos de su análisis del diseño. Este proceso se describe en la Figura 4.5.

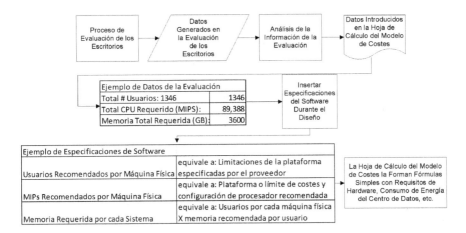

Figura 4.5 — Como Formulas Simples de la Plataforma de Escritorio Virtual se enlazan con el Hardware.

Hay una serie de buenas comparaciones que se pueden realizar para mejorar el diseño. Examine cómo los cambios de hardware afectan al coste de los recursos físicos centralizados y al coste de las licencias de software.

- *¿Cuál es la densidad de usuarios por servidor?*

- *¿Puede duplicar o triplicar esta densidad por un pequeño coste adicional por servidor?*

- *¿El software será capaz de soportar esta densidad por cada servidor?*

- *¿Cómo se licencia el software?*

A medida que ajusta el hardware para mejorar el diseño, se encontrará con una serie de limitaciones, como máximos en almacenamiento, memoria o software. Tome nota de las limitaciones técnicas y tenga cuidado con los diseños que se acercan demasiado a ellos. Las áreas en las que una recomendación de diseño compite con una restricción pueden dar lugar a riesgos que afecten al éxito de un proyecto. Si está comparando varios paquetes de software, compare las capacidades de los diferentes proveedores y las diferencias de costes del hardware necesario para operar estas soluciones.

Un punto importante a destacar es que hay una serie de soluciones de terceros que mejoran los ajustes de los usuarios y la gestión de las personas. Estos paquetes de software van más allá de las capacidades básicas incluidas en la mayoría de las plataformas de escritorio virtual, aportando una mejor gestión a los datos de usuario. A menudo tendrá que adquirirlos por separado, pero debido a que la gestión de usuarios puede ser una parte fundamental de una solución de escritorios virtuales, al menos considere la adición de los requisitos específicos de las personas a sus requerimientos y documentos de diseño.

Dentro de esta sección de la hoja de cálculo del modelo de costes, tendrá que añadir las tarifas de las licencias por usuario para cubrir el coste de este conjunto de herramientas. También puede haber gastos adicionales en la sección de administración del análisis del diseño.

Durante la selección de la plataforma de escritorios virtuales, las funciones administrativas de varios paquetes de software serán algunos de los beneficios más tangibles y emocionantes para su organización. Estas características, independientemente del coste y del efecto de la plataforma sobre los recursos físicos centralizados, puede obligar a todas las demás consideraciones a pasar a un segundo plano. Si este es el caso, ¿Cómo evaluar numéricamente esas funciones administrativas? En algún momento, los beneficios deben superar la carga de los costes, ¿no? De esto se trata la siguiente sección – ¡La administración!

Buenos puntos de partida para comenzar la sección de la plataforma de Escritorio Virtual de su análisis del diseño.

1. Use la información de la evaluación para determinar el coste de las licencias del software que necesita para un diseño específico.

2. Utilice estas cantidades, junto con las recomendaciones de los proveedores, para determinar la cantidad de hardware que necesita para un diseño específico.

3. Examine el hardware recomendado para la solución para asegurarse de que maximiza la densidad de usuarios, lo que puede reducir el coste total del hardware físico requerido o los gastos del funcionamiento del centro de datos.

4. Examine la manera en que otras tecnologías, tales como la virtualización de aplicaciones, pueden ser utilizados para reducir estos costes.

5. Asegúrese de acotar las limitaciones del hardware y el software generado por el modelo de costes para dejar un margen de error.

6. Con el fin de obtener un pronóstico preciso del coste de la solución, asegúrese de tener en cuenta el crecimiento previsto.

Administración

De la misma manera que los recursos físicos centralizados deben ser entendidos en términos de gastos operativos y gastos de capital asociados con las diferentes soluciones, la administración de una plataforma de escritorio virtual debe ser entendida en los términos administrativos de su empresa. Piense de nuevo en la tecnología que se describió en el capítulo dos. Cuando se implementa este sofisticado software y hardware, su empresa necesitará un cambio en la estructura organizativa del personal de administración y de los procesos de gestión de la tecnología.

Modelar este tipo de cambios organizacionales es muy difícil sin conocer todas las eficiencias y deficiencias administrativas de una plataforma de escritorio virtual. Un proveedor puede fijar una expectativa en los costes de gestión, pero al final, los números pueden variar para cada empresa. Debido a que este conocimiento sólo puede ser adquirido a través de la retrospección, las estimaciones de costes del cambio administrativo podrían ser muy inexactas.

¿Significa esto que no debe incluirlo en su modelo? ¡Por supuesto que no! Los errores en el cálculo le proporcionarán un rango de valores. Estos valores de coste son importantes y proporcionan una estimación de los tipos de cambios organizacionales a los que su empresa será sometida. Los cambios de personal y de procedimiento añadirán peso a la selección de la plataforma de escritorios virtuales y podrá "inclinar la balanza" a favor de una solución o de otra.

Si piensa por un momento sobre el estado actual y la composición de las capacidades de gestión de escritorios de su organización, en el nivel más alto se compone de *personas, procesos* y *tecnología*. El enfoque principal de esta sección del modelo debe ser la gente y el proceso. La tecnología ha sido abordada ampliamente en este capítulo y hay un único cálculo técnico que debe incluir en esta sección de su modelo de costes.

En cualquier migración de tecnología compleja con cambios fundamentales en la plataforma o en la capacidad, habrá elementos técnicos que no se puedan migrar. No migrar estos elementos técnicos significa que el coste del mantenimiento de esos sistemas continuará tras la implementación de los escritorios virtuales. Por ejemplo, considere una implementación de escritorios virtuales híbrida en el cual la empresa decide mantener el sistema operativo de un PC físico, pero despliega las aplicaciones virtuales y la gestión de la configuración del usuario. En este caso, el sistema de imágenes de software para los sistemas operativos de escritorio seguirá siendo un coste.

El gasto de las licencias y del uso de las tecnologías antiguas puede ser muy importante. Si sabe qué tecnología no será capaz de migrar como parte de una solución de escritorio virtual, pregúntese *por qué*. ¿Tiene algo que ver con la plataforma de escritorio virtual? ¿La elección de una plataforma de escritorios virtuales diferente le permitiría migrar esa tecnología y retirar parte de los costes de soporte?

Al igual que las otras secciones de este capítulo, el siguiente contenido simplifica una gran cantidad de conocimientos que le proporcionarán un punto de partida para entender los cambios de administración y de soporte que ocurrirán con el cambio a los escritorios virtuales. Las secciones siguientes se centran en el impacto de los costes y en cómo entender los diversos elementos dentro de la hoja de cálculo de los costes. Hay un énfasis secundario en el análisis del impacto del proceso empresarial que forma parte del conjunto de documentos del análisis del diseño. Esta sección se divide en dos partes. En la primera se abordan los cambios en el área de *soporte* de la gestión de los escritorios, y el segundo aborda los cambios en la *administración de los escritorios*.

La gran mayoría de las organizaciones gestionan sus escritorios con sistemas en los que los problemas de soporte son resumidos y clasificados según el nivel 1, nivel 2 o nivel 3. Las incidencias de nivel 1 son problemas básicos, mientras que los del nivel 3 son graves incidencias de aspecto técnico. Las incidencias del nivel 1 son más asiduas que las del nivel 3, así que tiene sentido que muchas organizaciones requieran más personal de nivel 1 que de nivel 2 o de nivel 3. Puede que haya niveles de soporte que se puedan subcontratar a terceros y/o ser realizadas por diferentes equipos. Estas diferenciaciones pueden existir entre todos los niveles de soporte.

El resultado es un sistema que se asemeja a una pirámide, con una gran base de personal de nivel 1, menos personal de nivel 2 y aún menos personal de nivel 3. El personal podría estar diferenciado por elementos tales como los horarios, la cultura, la geografía, la gestión o el salario. Al considerar los gastos de nómina, el personal de nivel 1 es generalmente menos cualificado y con menos experiencia, por lo que sus salarios son generalmente más bajos. Al personal del nivel 2 se le retribuye con un salario de nivel medio y al personal del nivel 3 con el mayor nivel. ¿Qué pasa con el personal de soporte cuando implementas los escritorios virtuales? La respuesta se divide en dos partes: la primera tiene que ver con el personal del nivel 1 y el segundo con el personal de los niveles 2 y 3.

Se externalice o no el soporte de los escritorios, y aunque todas las llamadas de nivel 1 sean atendidas en un call center a cargo de una empresa externa en alguna otra parte del mundo, el personal del nivel 1 experimentará algunos cambios. Imagine por un momento que está creando dinámicamente un escritorio para un usuario. El usuario dispone de un sencillo dispositivo de cliente ligero, no un PC, y se les facilita un sistema operativo completamente nuevo, con los programas instalados, la configuración de usuario, etc. – cada vez que inicia la sesión.

Recuerde cómo en el capítulo tres se mencionó que la comprensión de los costes actuales de soporte por software y tipo era valiosa. Aquí es exactamente donde ese tipo de información puede ser importante.

Debido a que el sistema operativo se genera cada vez que el usuario se conecta, su empresa notará una disminución en incidencias referentes a los accesos iniciales o "log in", o en errores del sistema. Sin embargo, no verá una disminución significativa en otros tipos de problemas de nivel 1, tales como el restablecimiento de contraseñas, los tamaños de pantalla o los idiomas, por nombrar unos pocos. Con esta configuración, el resultado esperado sería de menos llamadas al centro de atención de nivel 1 subcontratado. Si esto es cierto, se puede reducir la plantilla de personal.

En el área de soporte de aplicaciones de nivel 1, con la virtualización de aplicaciones se puede reducir el número de errores que los usuarios experimentan en las aplicaciones. Recuerde como en el segundo capítulo se hablo sobre cómo estas tecnologías separan el software del sistema operativo del usuario, haciendo que las aplicaciones sean menos propensas a errores. La reducción de los errores experimentados por los usuarios, por lo general, tendrá una repercusión en el funcionamiento de la aplicación en los escritorios, resultando en un pequeño o ningún cambio en las aplicaciones internas o errores del usuario. Para algunas de las aplicaciones más problemáticas de su empresa, esta mejora podría traducirse en una reducción significativa de las llamadas de soporte. Si es así, considere el uso de la virtualización de aplicaciones como un requisito específico, e incluso detállelo en la hoja de cálculo de los costes.

La disminución de incidencias técnicas de nivel 1 también puede significar importantes beneficios para los usuarios. Una vez que se haya desplegado la solución de escritorio virtual, comience a comparar los niveles de llamadas y estime el aumento de la productividad del usuario. A efectos de la selección de paquetes y esta sección de su modelo de costes, debe ser capaz de estimar la reducción del nivel 1 de soporte que te ofrecen las diferentes soluciones de escritorio virtual simplemente separando los problemas actuales del sistema operativo y las aplicaciones relacionadas con los errores del nivel 1. Más adelante podrá refinar estos resultados comparándolos con la información obtenida en la prueba de concepto interna, las pruebas tecnológicas, los pilotos, los usuarios y la información de los proveedores.

La otra mitad del cambio en el soporte abarca el personal del nivel 2 y del nivel 3. Continuando con nuestro ejemplo de la generación automática de un escritorio cuando el usuario inicia la sesión, ¿Qué ocurre cuando un problema requiere de una llamada telefónica o un email de soporte? Si el problema persiste tras la resolución de las incidencias básicas, tales como hacer que el usuario cierre la sesión y se vuelva a conectar al escritorio virtual, el usuario final tendrá que ser redirigido al nivel 2 (o al nivel 3). Piense en la situación de los usuarios en este momento. Han tratado de acceder a su escritorio y hay un problema. Llaman al soporte donde le hacen probar varios pasos para solucionar los errores, invirtiendo varios minutos en ello. Dado que no se han solucionado los problemas, el personal técnico decide redirigir la llamada a un nivel superior.

Ahora, dependiendo de la gravedad del problema y la madurez del departamento del soporte técnico de su organización, las incidencias de los niveles 2 y 3 suelen necesitar entre 1 y 8 horas para ser resueltas. En nuestro ejemplo de escritorio virtual, el empleado está en una situación en la que no puede trabajar, haciendo que el problema técnico sea crítico. Si se trata de un entorno de escritorios virtuales centralizados, el problema probablemente no será aislado y estará afectando a varios usuarios. Esto eleva la importancia del problema aún más.

Debido a las diferentes escalas deberían de producirse dos acciones diferenciadas. La primera tarea es la mitigación, esta consiste simplemente en trasladar los usuarios a la copia de seguridad para restaurar la productividad del usuario final. En este ejemplo, tras la mitigación, a los usuarios se les indica que "vuelvan a intentarlo", y el inicio de sesión de la copia de seguridad será un éxito. Una vez que el problema sea mitigado, todas las partes implicadas pueden ser reorganizadas para iniciar la reparación, esta sería la segunda tarea.

Este es un ejemplo simplificado de los tipos de escenarios que existen en las soluciones de escritorios virtuales. El punto importante a considerar es la naturaleza centralizada de los problemas de los escritorios virtuales. A excepción de los escritorios virtuales de cliente, la mayoría de los problemas estarán en el interior del centro de datos o en la red, no en el dispositivo de acceso del usuario. Si bien esto es bueno, porque reduce las visitas a los puestos de trabajo, a fin de evitar grandes cortes de productividad, el personal de soporte necesita tener la capacidad de escalar rápidamente, mitigar y reparar los problemas.

Con el fin de satisfacer esta necesidad, la mayoría de las empresas tendrán que reforzar su personal de soporte con más personal del nivel 2 y nivel 3. Analizar profundamente los documentos de análisis le ayudará a proporcionar una indicación de la magnitud de este cambio potencial. Al igual que con los cambios del modelo de costes, puede perfeccionar el proceso de análisis del impacto mediante la inclusión de la información obtenida en fuentes internas con pruebas de concepto, pilotos, usuarios, consultores y proveedores.

En resumen, la menor necesidad de personal de soporte de nivel 1 será complementado por un aumento en el personal de los niveles 2 y 3. Como con cualquier tecnología, las soluciones debidamente diseñadas y administradas por lo general requieren de personal adicional. Del mismo modo, las soluciones mal implementadas y gestionadas pueden generar interrupciones dramáticas en la actividad y aumentar considerablemente de la presión sobre el personal de soporte.

Administración - Gestión

La capacidad de una solución para ser gestionada e implementada de una manera fácil es una consideración importante, lo que lleva a incluir la última sección de Administración en sus documentos. Esta última sección es una categoría de nivel superior que cubre las operaciones de sistemas, mantenimiento y gestión. Para las implementaciones de gran tamaño, requieren ser organizadas en varios subgrupos diferentes que son lógicamente separados con los componentes de escritorios virtuales apropiados.

Por ejemplo, el soporte del almacenamiento será responsabilidad del equipo de almacenamiento, las aplicaciones de los escritorios formarán parte del equipo de escritorios, los recursos de los centros de datos formarán parte del equipo de infraestructura y la WAN será parte del equipo de red. Las implementaciones más pequeñas se tendrán que superponer en cada una de las áreas individuales y puede que tengan menos subgrupos. Cada una de estas áreas tendrá que ser examinada dentro del contexto más amplio de la implementación de los escritorios virtuales. Recuerde que uno de los valores del análisis del diseño es la posibilidad de comparar las diferentes soluciones de escritorio virtual y de comprender el impacto de la tecnología en su organización.

En esta sección se examinará el cambio en los requerimientos del personal necesario para el funcionamiento y la gestión de una solución de escritorio virtual. Una vez que se divide la solución en subgrupos, se puede estimar un rango de porcentajes para cada uno de los diferentes componentes. Este conjunto de medidas representa la plantilla a tiempo completo necesario para operar un conjunto particular de tecnologías de escritorio virtual.

Para la toma de algunas decisiones, estimar y considerar los cambios de personal puede ser extremadamente difícil, y puede ser percibido como algo innecesario, demasiado complicado o incluso imposible. La dificultad puede provenir de una serie de limitaciones, tales como la falta de información y control del presupuesto, la incapacidad de previsión del flujo de trabajo o una falta de voluntad para asumir el liderazgo en el tema del cambio del personal, ya que es un "problema ajeno". Si estos problemas del mundo real son insuperables, se convierten en un riesgo para el proyecto y hay que tratar de resolverlos durante las pruebas de concepto y las fases piloto.

Vamos a mostrar un ejemplo para ver el nivel de cambio que es posible, y a menudo necesario, con los escritorios virtuales. Piense en el ejemplo utilizado anteriormente en esta sección con el usuario que llama al servicio de soporte porque no puede iniciar su sesión. La idea que se representa es que una organización debe ser capaz de realizar un escalado rápido cuando los pasos básicos de resolución de problemas no funcionan. Ahora vamos a comentar este mismo incidente pero en términos de rendimiento y midiendo el servicio de soporte.

En este ejemplo, un usuario se está conectando y es incapaz de llegar a su escritorio virtual. El personal de soporte lleva a cabo las acciones para solucionar los problemas básicos durante 15 minutos, luego se da cuenta de que el problema no es aislado y que debe ser escalado a otro nivel. Tras ser redireccionado, el personal de soporte requiere de

30 minutos para mitigar el problema y para que los usuarios se puedan conectar de nuevo. En este punto, puede informar sobre el coste de este problema utilizando un cálculo simple, tal como tomar *el número total de usuarios afectados, multiplicarlo por el salario/hora, y el resultado multiplicarlo por 0.75 horas.* Si desea un cálculo más preciso, puede comenzar incluyendo elementos adicionales tales como el coste de la pérdida de ventas o el efecto sobre la tasa de producción.

Este ejemplo podría ser modificado de diferentes maneras para ilustrar este punto. Se podría disponer de una alerta automática que indique una notificación del sistema cuando ocurre un problema. O tal vez un evento automático de mantenimiento nocturno falló y es lo que está causando el problema. No importa la causa del error, el impacto global puede ser minimizado con las *personas* y *procesos* adecuados. Debido a los nuevos y mejorados procesos que van junto con la administración de los escritorios virtuales, debería de comenzar a planificar y a entender los efectos de estos cambios a través del diseño, y luego experimente y póngalas en práctica durante la prueba de concepto y el piloto.

Comience a planificar para que estos cambios se inicien con la evaluación y continuen en la fase de diseño de su proyecto de escritorio virtual. Comience haciendo suposiciones sobre los cambios de personal necesarios para cumplir con los requerimientos de producción, y luego estime las repercusiones financieras y de los procesos. Considere la posibilidad de esbozar las funciones de gestión en los documentos de requerimientos y tras esto, dentro de su modelo de costes, podrá calcular el rango de valores de los cambios resultantes del personal, gastos de formación, etc.

El completo entendimiento de los cambios de administración y de soporte necesario para la implementación de los escritorios virtuales, por lo general, se produce durante la prueba de concepto y los pilotos. En el centro de estas actividades se encuentran los bucles de retroalimentación de información. Para aumentar la precisión general, considere el uso de un circuito de retroalimentación de 360 grados en el que obtenga información de todos los niveles y de todos los participantes involucrados en el proceso, tales como la Administración de los Escritorios Virtuales, Helpdesk, Gestión de Proyectos, Usuarios Finales, Administradores y Accionistas.

Filtre estos números con la experiencia que tiene de la prueba de concepto y de los pilotos. Haga que estos cálculos sean una fuente de datos para su evaluación.

Buenos puntos de partida para que comience la sección de administración de su análisis del diseño:

1. Conozca el legado tecnológico que va a dejar en su organización y su coste anual de mantenimiento.

2. Extraiga información de cada aplicación y de cada incidencia del sistema de soporte. Clasifique las áreas en que esta información cambiará como resultado de las implementaciones de los escritorios virtuales.

3. Analice la madurez del personal de los niveles 1, 2 y 3 y su habilidad para trabajar con las tecnologías de escritorio virtual.

Aplicaciones

Mientras que la administración tiene numerosas variables que incluyen algunos supuestos y estimaciones, las *aplicaciones* son exactamente lo contrario. Las aplicaciones son bastante simples en realidad – existen y su uso es necesario para el usuario final. Durante el proceso de evaluación de escritorio virtual generará dos listas: una con las aplicaciones instaladas y la otra con las aplicaciones utilizadas. También puede ampliar esta lista para agregar o categorizar otras aplicaciones: por rol de empleado, departamento, cargo o muchos otros tipos de criterios.

Lo que puede (o no) sorprenderle sobre estas listas es la cantidad y la variación de las aplicaciones. Muchas organizaciones de tamaño mediano tienen cientos o incluso miles de aplicaciones. Tomemos una empresa con 10.000 usuarios y 800 aplicaciones. ¿Cómo se determina la influencia de las 800 aplicaciones diferentes en un diseño de escritorio virtual? ¿Y el coste de su impacto en el diseño?

Esta situación se parece al problema de la gallina y el huevo (ya lo conoce, quien apareció primero y todo eso). Puede abordar este problema de varias maneras:

1. Toma las decisiones sobre su plataforma de escritorio virtual y decide cual es la mejor manera de distribuir las aplicaciones a través de esa plataforma a los usuarios finales.

2. Clasifica y examina las solicitudes y determina la manera más eficiente y rentable de hacer llegar las aplicaciones a los usuarios finales. Esto podría ser parte de una compatibilidad de aplicaciones y una racionalización de esfuerzos al considerar una migración a Windows 7.

3. No da un cambio significativo y distribuye las aplicaciones de la misma manera que lo hace ahora.

La verdad es que es muy probable que utilice las tres opciones. A efectos de su modelo de costes, antes de diseñar la solución, todo lo que tiene que hacer es clasificar las aplicaciones que cambiará y las que no. Céntrese en las palabras clave de las tres opciones mencionadas anteriormente.

Veamos lo que sucede cuando se clasifican las 800 aplicaciones de la empresa del ejemplo en aquellos que tienen que cambiar y en los que no. Supongamos que aproximadamente 150 de estas aplicaciones son aplicaciones web. De estas 150 aplicaciones web, 125 funcionan en cualquier navegador y no necesitan ninguna consideración especial, mientras que 25 requieren una mezcla de versiones de navegadores específicos y complementos o "add-ons". Debido a que 125 de las aplicaciones funcionan, puede utilizar el tercer enfoque de la lista anterior y seguir ofreciéndolos de la misma manera que lo está haciendo ahora, sin ningún impacto en el diseño general de los escritorios virtuales.

A pesar de que no tienen un efecto sobre la virtualización de aplicaciones, siempre que se trabaje con un inventario de aplicaciones, lo mejor es ser cuidadoso y listar estas aplicaciones en el modelo de costes como una categoría. En este punto, el análisis de las aplicaciones debería ser algo así:

125	Enfoque 3 - Aplicaciones Web Compatibles
25	Aplicaciones Web / Requerimientos Especiales
675	Aplicaciones Desconocidas

800   Aplicaciones Totales

Vamos a olvidarnos de la categoría de "Aplicaciones Web con Requerimientos Especiales" por ahora, y vamos a seguir adelante con el resto de las aplicaciones desconocidas. Estas se van a agrupar en dos categorías que incluyen por una parte las aplicaciones ejecutadas en los escritorios virtuales y por otra las aplicaciones que se entregan a los usuarios mediante la virtualización de sesión. Si recuerda el capítulo dos, la virtualización de sesión es una tecnología donde la aplicación se ejecuta en el servidor situado en el centro de datos y al usuario final únicamente se le envía información visual. Estas aplicaciones, se visualizan, actúan y se comportan como una aplicación instalada localmente y se pueden ejecutar en un dispositivo de usuario o en un escritorio virtual.

Las aplicaciones que utilizan la virtualización de sesión no necesitan cambiar por una implementación de escritorios virtuales, por lo que no tendrán ningún impacto en el diseño ni en el coste de la solución global – al igual que las aplicaciones web. Si 75 de las aplicaciones del ejemplo de la empresa son de este tipo, el análisis de las aplicaciones será algo parecido a lo siguiente:

125	Enfoque 3 - Aplicaciones Web Compatibles
25	Aplicaciones Web / Requerimientos Especiales
75	Enfoque 3 – Virtualización de Sesión
600	Aplicaciones Ejecutadas Localmente

800   Aplicaciones Totales

De las 800 aplicaciones iniciales, solo 625 se deben considerar como parte del diseño de escritorio virtual, 600 de ellos están siendo ejecutados localmente y 25 como aplicaciones web con necesidades especiales. Fíjese que las palabras *ejecutadas localmente* son utilizadas para describir a estas aplicaciones. A fin de entender cómo manejar estas aplicaciones, recuerde el capítulo dos donde se discutió el concepto de *virtualización de aplicaciones*. Las aplicaciones virtuales se describieron como regalos o paquetes que se dan a los usuarios. Para utilizar lo que hay dentro de ellas todo lo que tiene que hacer el usuario es abrir el paquete. Las aplicaciones virtuales son paquetes independientes que se pueden colocar en un escritorio virtual y ejecutarse – sin necesidad de instalación.

Debe tener en cuenta dos enfoques diferentes para entender como el resto de las 625 aplicaciones afectará sobre el diseño de sus escritorios virtuales y el modelo de costes. El método deseado es convertir estas aplicaciones en paquetes de aplicaciones virtuales. La solución menos deseable es instalar estas aplicaciones en el interior de los escritorios virtuales. ¿Por qué se prefiere una opción sobre la otra? En pocas palabras, la virtualización de aplicaciones reduce los costes de soporte de aplicaciones y las aplicaciones aisladas pasan a ser más compatibles y fáciles de distribuir, mantener y configurar.

Su aproximación por defecto debería de ser el uso de la virtualización de aplicaciones. La instalación de aplicaciones dentro de un escritorio virtual debería de ser el último recurso, sólo para casos en los que la instalación de las aplicaciones en los escritorios virtuales no afecte dramáticamente en el diseño del puesto de trabajo virtual o en los gastos de mantenimiento. Un buen ejemplo podría ser tener un gran número de escritorios virtuales con sólo unas pocas aplicaciones instaladas. En un caso como este, puede que no haya ningún beneficio en empaquetar las aplicaciones.

Tome nota de las 25 aplicaciones web que se agrupan y requieren navegadores especiales y complementos. ¿Por qué? Puede crear paquetes especiales de aplicaciones virtuales para los navegadores de Internet para todos los navegadores y "plug-ins" que necesitan ser soportados. Esto funciona incluso si dos o más aplicaciones web pueden usar componentes que son incompatibles. Debido a que la virtualización de aplicaciones aísla las aplicaciones entre sí, puede ejecutar los paquetes de software incompatibles juntos en el mismo escritorio virtual o físico. La virtualización de aplicaciones ofrece una solución para hacer frente a las problemáticas de las aplicaciones web o aplicaciones obsoletas que no son compatibles con los navegadores de Internet más recientes.

Tras agrupar todas las aplicaciones en las siguientes categorías de alto nivel, sigue siendo necesario determinar su impacto en el diseño y en el modelo de costes. Un gran aspecto de la virtualización de aplicaciones es que puede existir de una manera independiente a la plataforma de escritorios virtuales, puede estar integrado con la plataforma, o ambas cosas. En todos estos casos, hay que tener en cuenta dos costes: *el empaquetado de las aplicaciones* y *la plataforma/licencias.*

Empaquetado de Aplicaciones

El empaquetado de aplicaciones es el proceso de convertir una aplicación en una aplicación virtual. Llamado "empaquetado", los expertos suelen decir que es mitad arte y mitad ciencia. En cualquier caso, el empaquetado requiere de entre tres y más de veinte horas por aplicación. Empaquetar incluye la creación del paquete virtual, las pruebas del personal técnico y las pruebas de aceptación de los usuarios finales. Estas tareas pueden ser atendidas en su empresa por su personal o subcontratarlo a una empresa especializada en este tipo de trabajos. Para las operaciones a gran escala, como puede ser nuestro ejemplo de 600 aplicaciones, suele ser más rentable externalizar el trabajo y desarrollar internamente la experiencia para el mantenimiento y las actualizaciones, y ocasionalmente cubrir las necesidades de empaquetar alguna aplicación.

Para paquetes de aplicaciones complejas con una gran cantidad de partes y una estrecha integración con el sistema operativo, considere añadir casos de uso específicos de las aplicaciones tanto en los documentos de negocio como en los documentos técnicos. Entender el comportamiento y el uso de una aplicación compleja desde la perspectiva del usuario, junto con información técnica sobre cómo se comporta la aplicación, puede ser muy útil para los profesionales que empaquetan las aplicaciones y también puede ayudar en el control de la calidad de sus aplicaciones empaquetadas. Dentro del modelo de costes, cada aplicación o grupo de aplicaciones tendrá un coste asociado con el empaquetado, las pruebas y las licencias.

Licenciamiento del Software

El coste de la licencia puede ser incluida como una característica de su plataforma de escritorio virtual, o como un producto de software independiente. También existe la posibilidad de diferentes tipos de licencias para diferentes requerimientos. La elección de una plataforma de aplicaciones virtuales que forma parte de una suite de escritorio virtual más grande podría permitir tener una mayor compatibilidad y funcionalidad, junto con un mantenimiento, una gestión y una distribución más sencilla. Elegir el software de aplicación virtual fuera de la suite de escritorio virtual podría reducir los costes de licencias o proporcionarle ventajas en el empaquetado, el rendimiento o la distribución.

Una vez que las aplicaciones están agrupadas y ha determinado la lista de aplicaciones que desea virtualizar, el coste final y el efecto sobre el modelo de costes se compondrá por el coste del *empaquetado* de las aplicaciones y el coste de *licenciar* el software de la aplicación virtual. Si tiene aplicaciones problemáticas con gastos de soporte elevados, puede optar por calcular el ahorro de costes para esas aplicaciones en las áreas de instalación y mantenimiento. Estos cálculos se pueden hacer casi de forma independiente de todas las demás secciones del modelo de costes y, como se mencionó anteriormente, muchas organizaciones deciden virtualizar aplicaciones como un primer paso hacia los escritorios virtuales.

Buenos puntos de partida para que comience la sección de Aplicaciones de su análisis del diseño:

1. Asegúrese de tener un inventario de aplicaciones preciso, que incluya las listas de las aplicaciones *instaladas* y los que *utiliza*.

2. Categorizar las aplicaciones mediante el modo de entrega prestando especial atención a los que afectarán a su análisis de diseño.

3. Tenga en cuenta casos especiales de aplicaciones complejas y altamente integradas para ayudar al empaquetado y al análisis del diseño.

4. Revise los servicios de empaquetado de sus proveedores para conocer los costes de empaquetado por aplicación.

Acceso del Cliente

El "fin" literal de las tecnologías de escritorio virtual son los usuarios, y la tecnología que les permite experimentar y utilizar las aplicaciones. Recuerde, el usuario debe ser colocado en un pedestal y su solución de escritorio virtual debe permitir a los usuarios tener una gran experiencia y ser al menos tan productivos como lo son ahora. El mismo rendimiento es a menudo subjetivo y por lo tanto puede ser muy evasivo y difícil de determinar. Nunca se hará feliz a *todos* los usuarios, por lo que "el mismo rendimiento" variará en el sentido de que "funciona todo el tiempo", parecido a que el inicio de una aplicación sea más rápida, a una impresión más rápida, y cualquier combinación de factores que conforman la experiencia del cliente.

Los usuarios utilizan muchos factores para determinar el rendimiento, pero ¿Cómo comienza a considerar la categoría de *Acceso del Cliente* sin antes tener un diseño o haber realizado una prueba de concepto? Echemos un vistazo a la información que se obtiene de la evaluación y del análisis del diseño.

Tal y como se comentó en el capítulo tres, la evaluación de escritorio virtual le dará una gran cantidad de información sobre el entorno de trabajo del usuario final. Estas valiosas estadísticas le informarán acerca de la experiencia del usuario en mediciones cuantificables, tales como cuánto tiempo se necesita para iniciar una aplicación, el número de horas que varios usuarios específicos utilizan sus ordenadores y el rendimiento general del PC mientras está en funcionamiento. Esta información es sumamente importante y, con una excepción, es completamente irrelevante a la categoría de Acceso de Cliente. ¿Qué? ¿Cómo puede ser?

Esa excepción se tratará en un momento, pero primero vamos a abordar por qué esta información es irrelevante para la categoría de acceso de cliente. Si piensa acerca de para que se utiliza la información de la evaluación, es por lo general para asegurar que los dispositivos proporcionarán al usuario su escritorio virtual con el mismo rendimiento que su escritorio físico actual. En el caso del análisis del diseño y del diseño de la solución actual, estos elementos están cubiertos en las secciones de los *Recursos Físicos* y la *Plataforma de Escritorios Virtuales*. Esto significa que la categoría de Acceso de

Cliente de su análisis de diseño necesita cubrir solamente el dispositivo físico y la conexión de red que utilizan los escritorios virtuales.

La excepción a esta generalización tiene que ver con los escritorios virtuales del lado del cliente. Si está considerando esta tecnología para ciertos grupos de usuarios, tendrá que utilizar la información de evaluación para garantizar que los nuevos dispositivos de acceso de clientes funcionan tan bien (o mejor) que los equipos físicos que se están reemplazando. En su modelo de costes, considere la simplificación de los resultados de la evaluación con las categorías de usuarios cuyas necesidades requieren de un bajo rendimiento, rendimiento medio y un rendimiento alto. Una vez que sabemos cuántos usuarios son de cada tipo, es fácil calcular el impacto en el coste de la solución.

Para una implementación de escritorios virtuales centralizada, las características de rendimiento de la experiencia de usuario están consideradas en las secciones de *Recursos Físicos* y *Plataforma de Escritorio Virtual* del análisis del diseño. Esto deja sólo dos consideraciones a incluir en sus documentos de análisis y modelo de costes. Éstas son las *conexiones de red* que se utiliza para dar servicio al usuario del escritorio virtual y los *dispositivos físicos* utilizados para el acceso de los clientes.

Conexiones de Red

Debería involucrar a ingenieros de redes y a expertos en escritorios virtuales en la evaluación y en las recomendaciones de los cambios que se deben hacer a los usuarios finales de los servicios de red. Estos cambios deben garantizar una buena experiencia de los escritorios virtuales y es posible que se mencionen en los documentos de requisitos. Dentro de su modelo de costes, querrá mantener una lista de gastos de equipamiento y el incremento o disminución mensual de los costes de las conexiones de red necesarios para dar servicio a los usuarios desde el centro de datos donde se alojan los escritorios.

Al considerar los cambios en las conexiones de red para los escritorios virtuales, examine el protocolo que se utiliza para conectar un usuario a su escritorio virtual. Hay muchos protocolos que compiten entre si, que funcionan con diversas plataformas de escritorio virtual y cada uno tiene sus propias fortalezas y debilidades. La elección de una plataforma de escritorio virtual podría ser debida en parte a ciertos requisitos de conexión de red. Un ejemplo sencillo es un requisito que establece: "Los escritorios virtuales deben ofrecer una buena experiencia, un nivel aceptable a través de internet". Su diseño puede cumplir con este requisito al proponer el uso de una plataforma de escritorios virtuales que utiliza un protocolo diseñado específicamente para este propósito, y que el protocolo puede a su vez requerir condiciones de red específicas que aumenten o disminuyan los costes que figuran en el modelo de costes.

Comprender los cambios de la red puede ser uno de los aspectos más difíciles de este proceso. Las redes son como opiniones, cada persona tiene uno, todos son diferentes y no todos ellos son lógicos. Debido a esto, divida la conectividad de la red en varias categorías diferentes en sus modelos y documentos. Dentro del modelo de coses, tendrá que tener en cuenta dispositivos físicos y cuotas mensuales de conexión. El documento de requerimientos debe incluir las diferentes redes con las que la solución debe trabajar. Los requisitos pueden establecerse directamente, como por ejemplo: "Los escritorios virtuales asignados a empleados que trabajan fuera de la oficina deben funcionar con las conexiones de red existentes". Cuando se especifican estos requisitos, en el documento de diseño se puede indicar cuáles son las configuraciones necesarias para cumplir estos requerimientos.

Dispositivos de Acceso del Cliente

Una vez que ha considerado el tipo de conexión de red necesario para el servicio de un escritorio virtual, el último elemento es el dispositivo de acceso de cliente. Para este propósito se pueden utilizar múltiples tecnologías tal y como se mostró en el capítulo 2. Céntrese primero en articular los requisitos de los dispositivos finales, asegurándose en elegir los dispositivos correctos para sus usuarios y para el personal de administración. Una vez que los requisitos son descritos e incorporados al diseño, la elección del dispositivo debería de ser relativamente fácil.

Los dispositivos de acceso de los usuarios o clientes utilizados para acceder a un escritorio virtual varían desde un PC completo a un PC de bajo consumo, hasta dispositivos minimalistas, teléfonos inteligentes y tablets. A la hora de analizar el coste de los dispositivos se deben de comparar una serie de elementos, tales como la vida útil esperada y los costes de mantenimiento de los dispositivos de cliente ligero en comparación con los PCs. El ciclo de actualización para los clientes ligeros puede ser muy largo y a menudo pueden mantenerse plenamente desde un sistema de gestión centralizado facilitado por el proveedor, minimizando así las visitas al puesto de trabajo del empleado. Puede optar a poner el ahorro generado en la *administración* dentro de su modelo de costes, o introducirlo dentro de la sección de dispositivo físico utilizado.

Otro elemento importante para el modelo es el consumo de energía de los dispositivos de acceso de cliente. La categoría de *Recursos Físicos* indica el hecho de que, agregar consumo de energía dentro del centro de datos puede ser compensado con la reducción de la potencia de los dispositivos de acceso de cliente. El ahorro de energía en el lado del cliente a menudo forma parte de un presupuesto diferente, por lo que puede que no sea fácil darse cuenta de los ahorros. En el caso de un PC completo, una manera fácil de realizar estos cálculos es la de determinar el consumo de energía en 150W para cada PC y utilizar la información de la evaluación para conocer el número de horas de uso y así calcular el total de kWh consumidos por los ordenadores. Esto suponiendo que un PC se apague cuando no está en uso.

Más allá del coste de los dispositivos físicos necesarios, las licencias de software se pueden agrupar en una categoría aparte. Esto es especialmente cierto si usa PCs o reutiliza ordenadores, ya que estas configuraciones cuentan con una gran cantidad de requisitos de licencias de software. Hay algunos paquetes de software de código abierto muy buenos basados en las distribuciones de Linux que pueden ser usados para convertir un ordenador en un dispositivo de cliente ligero, con el único coste del tiempo necesario para configurar la solución. El mayor inconveniente de este enfoque es el limitado soporte para determinadas configuraciones, por lo que los clientes de código abierto sólo podrían cumplir una parte de sus necesidades.

Puntos de partida para que comience la parte de Acceso de Cliente en su análisis del diseño:

1. Reúna a un equipo de expertos en escritorios virtuales y a un equipo de ingenieros de redes para delinear los requisitos de red que afectan al acceso de clientes.

2. Liste los requisitos generales para el acceso de los dispositivos de cliente e incluya las estimaciones de costes en el modelo de costes.

3. Considere la posibilidad de ahorrar energía en el nivel de acceso de cliente en comparación con el aumento que se puede dar en el interior del centro de datos. Estudie la forma de aplicar este ahorro en el presupuesto adecuado.

Resumen: Análisis de la Evaluación → Diseño → Análisis del diseño

Este capítulo ha sido escrito con la idea de que tras completar una evaluación, comenzará a establecer los requisitos, realizar el diseño y entender los costes. Una vez que haya elegido un diseño que satisfaga sus necesidades, puede volver al análisis y comprender las relaciones entre las cinco áreas principales de un sistema de escritorio virtual. Hay un valor importante en la comprensión de estas relaciones, como que los detalles de menor importancia pueden causar cambios en la solución general con unos costes muy elevados.

La capacidad de estimar el nivel de esfuerzo para la implementación utilizando el modelo de costes se ha dejado fuera de este capítulo intencionadamente. Aunque no es un cálculo imposible, existen tantas variables incuantificables que el resultado de ese cálculo sería en gran medida inexacto. El nivel de esfuerzo debe ser determinado durante las diferentes fases de planificación del proyecto, incorporando los proveedores, consultores y recomendaciones, y también hay que tener en cuenta el conocimiento y la madurez adquirida durante las pruebas de concepto. Los objetivos de la prueba de concepto que incorporan aprendizaje y la ejecución de los procesos pueden ser muy valiosos para ayudar a cuantificar el tiempo necesario para realizar ciertas tareas.

En este capítulo se ha presentado una guía para ayudarle a crear un conjunto de documentos detallados que:

1. Ayude a entender lo que va a **costar** realmente un diseño específico.

2. Crear requisitos firmes que mejoren el diseño para satisfacer las **necesidades de la empresa**.

Con esta información, puede comparar los diferentes diseños y posiblemente continuar con el uso y el perfeccionamiento del modelo de costes a través de las fases de prueba de concepto, piloto, producción y mantenimiento de su implementación. Cuando se utiliza de esta forma, el modelo puede convertirse en un recurso que ayude en la predicción y ofrezca información cuantificable y detallada acerca de su solución.

Capítulo 5:
Hablemos de Escritorios Virtuales

En un mundo ideal, las empresas utilizan la tecnología para resolver los problemas de la manera más eficiente y rentable posible. ¿Las instrucciones no se introducen con la suficiente rapidez? Una solución directa podría ser la implementación de tres tecnologías probadas diferentes aumentando la velocidad en un 40% o más.

Para cada proyecto habría un documento escrito y bien redactado que comunicase con facilidad el problema existente y las tecnologías necesarias para crear la solución. Además, las tecnologías descritas en ese documento se alinearían con el problema, en lugar de "ajustarse a él".

Sin embargo, este es el mundo real. Es un lugar donde la gente, el gobierno, la competencia, el liderazgo, las relaciones, la innovación y el mercado se combinan para crear los problemas y las soluciones que los resuelven. ¿Las políticas de la empresa, las regulaciones del gobierno, las personalidades líderes y las relaciones con los proveedores juegan un papel importante en la forma en que su empresa resuelve los problemas? Ya lo creo que lo hacen.

Los capítulos precedentes le han dado una idea básica sobre cómo comenzar a pensar en las tecnologías de escritorio virtual para hacer frente a los problemas que está tratando de resolver. Si está en las fases de la prueba de concepto o en una fase piloto, ya debería saber cómo abordar el primer conjunto de problemas y estar preparado para futuros escenarios, más complejos. En cualquier caso, las restricciones del mundo real influirán en sus decisiones sobre las mejores soluciones para su empresa.

Por ejemplo, decisiones tomadas por un sucesor suyo podrían dejarle una tecnología no deseable para su plataforma de escritorio virtual. Al tratar de corregir los problemas se puede encontrar con grupos técnicos que son insensibles a sus necesidades. O bien, podría ser que la administración simplemente no tuviese la voluntad o la capacidad para asistir al proyecto en la forma necesaria.

Cada empresa tendrá diferentes motivaciones a la hora de dirigir un proyecto de virtualización de escritorios. Algunos quieren la innovación o las mejoras creadas por la tecnología, como son una mayor eficiencia en la administración y un aprovisionamiento más rápido de los escritorios. A otros les motiva el resultado de los cambios, como son las nuevas regulaciones, fusiones, cambios en la seguridad, la contratación externa, las migraciones de los sistemas operativos o el envejecimiento del PC. Independientemente de los objetivos del proyecto, las restricciones del mundo real y el deseo de una implementación exitosa implica que sea absolutamente esencial que todas las partes involucradas en la ejecución y en la toma de decisiones se comuniquen sobre las tecnologías de escritorio virtual.

La comunicación sobre los escritorios virtuales puede ser un desafío único. En primer lugar, *estamos* hablando de equipos de sobremesa que han sido principalmente en forma de ordenadores desde los días del DOS. Si bien parece que han cambiado mucho, en realidad no lo han hecho. Cada usuario dispone de uno, cada uno tiene un sistema operativo, cada sistema operativo tiene software instalado, todos pueden ser infectados por un virus – se hace una idea. Comprender el cambio que representan los escritorios virtuales puede resultar difícil y algunas personas necesitan ver una demostración real de la tecnología. La gente literalmente quiere "tocarlo", preguntar y discutir un rato antes de comenzar a entender nada.

En segundo lugar, los proyectos de escritorio virtual implican diferentes niveles de personal, muchos de los cuales no tienen conocimientos sobre los escritorios. Incluso algunos profesionales con altos conocimientos en tecnología no entenderán ni apreciarán las razones de algunos aspectos del diseño ni de la implementación de los escritorios virtuales. A veces el personal técnico, debido a que tienen altos conocimientos sobre los servidores, creen que también saben sobre los escritorios que se ejecutarán en el centro de datos. Además, los responsables puede que no se den cuenta de los riesgos o de las sutilezas, y podrían poner plazos arbitrarios o tener expectativas poco realistas. Y si eso no fuese suficiente, ¡algunas personas simplemente no creen en los escritorios virtuales!

Por último, los escritorios virtuales tienen numerosas propuestas de valor. Algunos de estos se alinean con los requerimientos del proyecto y otros caerán en el "es bueno tenerlo, pero no es realmente necesario para cumplir con los objetivos del proyecto". A menudo otras soluciones técnicas presentan esta misma situación, pero hay un diferenciador importante entre los escritorios virtuales y otras tecnologías que hay que reconocer a fin de comunicarse de manera efectiva.

Hagamos una comparación, piense en un coche de lujo. Un coche de lujo tiene las mismas características básicas que un coche más normal – el motor de arranque, el motor, velocímetro, las puertas, etc. La frontera entre "tiene que tener" a "es agradable de tener" sería la de incluir características mejoradas como elevalunas eléctrico, cerraduras automáticas, aire acondicionado, anticongelante, posibilidad de reclinar los asientos traseros, etc. Hay también aspectos normativos como los parachoques, los air bags y otros sistemas por los que se paga. A un mayor nivel de la lista de las características encontramos artículos de lujo como los sistemas de GPS, asientos con memoria y estacionamiento paralelo automático.

Una implementación técnica suele implicar un subconjunto de características dentro de todas estas categorías – básico, mejorado, reglamento y de lujo. Para una implementación de software es posible que necesite ocho componentes del sistema operativo del servidor. Para una migración de datos, es posible que necesite características específicas de una variedad de herramientas. Para una actualización de la red, es posible que necesite dispositivos específicos con puertos específicos para ejecutar algunos protocolos de comunicación diferentes. En estos ejemplos y en la mayoría de los proyectos técnicos en general, hay un impacto para la empresa. Este impacto incluye tanto a las partes involucradas en el proyecto como a sus efectos en su finalización.

Compare los proyectos mencionados con uno de un impacto mayor, como una implementación de un ERP en toda la compañía. Los proyectos que implican a toda la empresa pueden generar cambios en cada una de las unidades de negocio, y en la mayoría de los procesos de negocio, a través de una implementación de varios años. Incluso si un proyecto se realiza en pequeñas fases y comienza con un alcance limitado, sigue siento necesaria una planificación a alto nivel para comprender la magnitud total del impacto. Incluso una pequeña implementación de escritorios virtuales merecen una discusión y un análisis con los ejecutivos, el personal de TI y los proveedores.

Iniciando la Conversación sobre los Escritorios Virtuales

Las primeras conversaciones sobre los escritorios virtuales a menudo comienzan como resultado de una campaña de marketing de los proveedores, éstos presentan casos de estudio, resultados de investigaciones o propuestas de valor a los ejecutivos de las empresas. Aunque esta información es probable que sea parcialmente correcta, está *diseñado para ser atractivo y provocar una acción y una respuesta de la audiencia*. Muy a menudo, *el proveedor no es neutral* y no ofrecerá información completa y enfocada a las necesidades específicas de la audiencia.

Cuando el interés sobre los escritorios virtuales evoluciona más allá de un interés comercial, es el momento de profundizar en las conversaciones y centrarse en los impactos de estas tecnologías dentro de cada departamento de la empresa. Si se encuentra en este estado, considere recoger las necesidades de su empresa en una solicitud formal de propuesta (RFP) o una solicitud de presupuesto (RFQ).

Las primeras conversaciones, presentaciones y sesiones de planificación deberían *proporcionar una base con lo que iniciar con éxito un proyecto de escritorio virtual*. La participación de los diferentes miembros del personal y de los proveedores dependerá de las fases del proyecto. Por ejemplo, puede que no necesite involucrar a todo el personal directivo en las primeras discusiones acerca de los escritorios virtuales, pero al menos debe incluir a las partes afectadas por el proyecto.

Estas primeras conversaciones no son únicamente para atender a las propuestas y definir los objetivos del proyecto. Los responsables del proyecto deben estar informados sobre todos los posibles impactos del proyecto y sobre las implicaciones que tiene sobre los usuarios de dicha tecnología.

En el aspecto técnico, los debates deben producirse con el CIO y los gerentes de los centros de datos, el personal de seguridad, el personal de redes, el personal de virtualización y de escritorios, por nombrar algunos. Por el lado empresarial, la estratégica debe ser discutida *por lo menos* con la dirección ejecutiva y con los responsables de las unidades de negocio afectadas. También se recomienda incluir al inicio del proyecto a los profesionales que realizarán las pruebas de concepto y los pilotos.

Estas conversaciones podrían ser informativas y/o orientadas a soluciones, y ser utilizadas para establecer las expectativas o estar específicamente diseñadas para obtener la aceptación de los participantes de la reunión. Dado que los escritorios virtuales afectarán a todos los ámbitos de la empresa, incluida la experiencia de los usuarios, el valor percibido por una parte del personal será diferente al percibido por otros.

Una reunión típica sobre los escritorios virtuales tiene una parte centrada en la seguridad y en la gestión, mientras que la otra se centra en la fiabilidad y en la experiencia del usuario final. Dado que estas tecnologías tienen un amplio alcance, es fundamental que los responsables resuman y comuniquen la información sobre los escritorios virtuales de manera eficaz, y todo ello implica que esta información sea explicada, abordada y expresada adecuadamente en los documentos del proyecto.

El resultado de estas primeras reuniones podría añadir variables a la lista de los requisitos y objetivos del proyecto, y ello añade complejidad a su proyecto. Más allá del encanto natural y el ingenio de los responsables de proyectos, la información de los proveedores, los seminarios, los casos de éxito y el material presentado en los capítulos anteriores de este libro pueden ayudarle en esta comunicación inicial. Los responsables del proyecto deben mantener la comunicación a un alto nivel para mejorar el conocimiento general acerca de los objetivos del proyecto, los casos de negocio, la visión del proyecto y el impacto de las soluciones de escritorio virtual. Las siguientes páginas contienen ejemplos de propuestas de valor.

Propuestas de Valor de los Escritorios Virtuales

La visión más simple de la experiencia con los escritorios virtuales podría ser la siguiente: todos los días en cualquier empresa se accede a los escritorios por la mañana, se cierra la sesión por la tarde y durante el día se trabaja en ellas. En el mundo real, se suman muchas capas en todo este proceso. Ocurren incidencias al iniciar la sesión; se accede a las aplicaciones desde cualquier localización; se realiza una copia de seguridad de la información; se cometen errores; los usuarios se sientes frustrados; se estropean los PCs; el software tiene que ser actualizado; los empleados son contratados y despedidos; el personal necesita trabajar en remoto; y las oficinas se abren y se cierran.

Puede ser beneficioso que la comunicación sobre los escritorios virtuales no gire en torno a los *efectos* de la tecnología en las capas individuales del proceso, sino que en el *valor estratégico* de estas herramientas para impulsar los objetivos de toda la empresa. Las siguientes secciones ofrecen algunos ejemplos de estrategias de empresas - continuidad del negocio, subcontratación, seguridad y productividad – para demostrar el alto nivel de comunicación de las propuestas de valor y las estrategias de negocio.

Ejemplo #1: Continuidad del Negocio

En cualquier tipo de proyecto técnico un tema que a menudo es (y debe ser) tenido en cuenta es la planificación de la continuidad del negocio (Business Continuity Planning - BCP), que son todas las actividades que la organización lleva a cabo para garantizar que sus servicios están siempre disponibles. Debido a que el BCP incluye mucho más que asuntos técnicos, la recuperación ante desastres se considera un subconjunto de la continuidad del negocio y por lo tanto debe abordarse en todos los procesos del BCP de una organización.

Con los escritorios físicos de su empresa, ¿qué ocurre cuando por causa de un desastre los empleados necesitan acceso a las aplicaciones y a la información para continuar con las operaciones? ¿Las secciones técnicas de su plan de continuidad le darán la posibilidad de implementar 300 nuevos escritorios alternativos para restaurar la productividad? ¿Los empleados únicamente pueden acceder a la información crítica desde sus casas o desde una web de emergencia?

Los escritorios virtuales permiten nuevas capacidades en la planificación de la continuidad del negocio. Una manera simple de pensar y categorizar estas capacidades es la de imaginar dos dominios del BCP, uno que incluya todo lo situado en el interior del centro de datos y otro que incluya todo lo situado fuera del centro de datos.

Para una implementación centralizada en el centro de datos, los escritorios virtuales se ejecutan en servidores y discos de almacenamiento que son muy similares, si no idénticas a todos los otros sistemas del mismo lugar. Dado que los sistemas se pueden replicar en un segundo lugar, la recuperación de los escritorios virtuales no puede ser un reto importante. De hecho, con el conjunto adecuado de los requisitos y con el diseño de la solución correcta, en teoría, debería ser capaz de permitir la recuperación de los escritorios virtuales mediante el uso de versiones modificadas de sus tecnologías y procesos existentes.

Fuera del centro de datos, la principal preocupación será cómo los empleados acceden a su información. En las operaciones normales, el acceso sería a través de un puesto de trabajo, portátil u otro dispositivo, y desde la oficina u otra localización. Para los planes de continuidad del negocio, los usuarios sólo necesitan dispositivos que puedan acceder a internet y utilizar los escritorios virtuales. Estos dispositivos podrían estar en un lugar secundario o en sus casas.

Imagine un escenario en el BCP en el cual hay una gran tormenta de nieve y algunas oficinas quedan cerradas temporalmente. Ahora imagine un escenario más complejo en el que una tormenta o un desastre natural crea un apagón. En cualquier caso, siempre que los usuarios tengan acceso a Internet mediante un PC u otro dispositivo, podrán acceder a todas o parte de sus aplicaciones a través de un sitio web seguro.

Propuesta de Valor:

Los escritorios virtuales tienen la capacidad de mejorar la continuidad del negocio y de la recuperación ante desastres.

Ejemplo #2: Subcontratación

Nos guste o no, la actual economía global ha obligado a muchas empresas a externalizar algunos aspectos de sus operaciones. Imagine que es capaz de ofrecer cualquier aplicación en cualquier lugar, *sin* ningún equipo o personal específico, *con* toda la seguridad y recursos que utiliza para dar servicio a sus usuarios existentes y sin que los datos abandonen el centro de datos. Esta es una de las características más importantes de la tecnología de los escritorios virtuales. Existen ciertas limitaciones técnicas, pero estas pueden ser superadas con un buen diseño, una ubicación centralizada y con buenas conexiones de red.

Este tipo de flexibilidad es una ventaja interesante para los ejecutivos, en incluso organizaciones enteras que buscan promover iniciativas de subcontratación. Con los escritorios virtuales centralizados se facilita el acceso a cualquier conjunto de aplicaciones sofisticadas con una infraestructura básica.

Hay varios tipos de relaciones de subcontratación y es importante que primero entienda como aborda su empresa este tipo de relaciones, luego escoja la solución de escritorios virtuales que mejor hagan frente a sus necesidades específicas. Esto no significa que tenga soluciones específicas para cada tipo de relación, pero la plataforma de escritorio virtual que escoja si debe incluir variaciones en el diseño y subconjuntos de características que satisfagan esas necesidades. Ser capaz de proporcionar de forma segura múltiples tipos de relaciones debe figurar como un requisito y ser considerado un aspecto importante del diseño.

Un acuerdo de escritorios virtuales externalizados a grandes distancias y con diferentes zonas horarias - no hay que subestimar los efectos y las implicaciones de estas variables. Si los administradores de los escritorios virtuales se encuentran en Canadá y las relaciones con la subcontrata se sitúan en el sur de Asia, habrá obstáculos reales para implementar con éxito los escritorios virtuales. Para mantener el sistema operativo, algunos miembros del personal deberán trabajar turnos diferentes a los actuales, puede que el personal requiera de habilidades de vigilancias más avanzadas o el apoyo más cercano de ingenieros de redes y proveedores externos. Para muchas empresas estas necesidades requieren un cambio que sólo se puede lograr con el conocimiento y el apoyo de los responsables de la organización.

Propuesta de valor:

Con unos cambios en las operaciones de TI, los escritorios virtuales pueden mejorar y permitir todo tipo de relaciones de subcontratación.

Ejemplo #3: Seguridad

Los aspectos técnicos de seguridad para los escritorios virtuales están fuera del alcance de este libro, pero los escritorios virtuales tienen enormes implicaciones de seguridad para los escritorios. Una manera fácil de perfilar la seguridad general dentro de los dos dominios - es la especialización de los expertos dentro de este campo, y la configuración requerida por la empresa y las normas reglamentarias. En el comienzo de un proyecto, la empresa y las normas reglamentarias serán algunos de los temas más frecuentes de las conversaciones.

Dentro de muchas de estas conversaciones se hablará sobre el tema de dónde se almacena la información y de cómo acceder a la información. Por ejemplo, con los escritorios virtuales es posible que la información no se pueda almacenar en el punto final del usuario. No se podrá copiar en memorias USB, en unidades de disco o en fuentes externas. Este nivel de control le permite utilizar escritorios virtuales en numerosos lugares, como pueden ser las zonas geográficas no seguras o zonas de alta seguridad.

Los proveedores tienen numerosos ejemplos de plataformas de escritorio virtual y de brokers de conexión para demostrar las diferentes maneras de acceder a los escritorios virtuales de forma segura. Los ejemplos podrían ser muy útiles para demostrar que las soluciones propuestas encajan dentro de los requisitos de seguridad de la empresa.

Otro tema de conversación popular son los niveles adicionales de seguridad disponibles con las capacidades avanzadas de gestión de las plataformas de escritorio virtual. Las implementaciones más típicas incluyen nuevas funciones del sistema operativo, como la opción de actualizar el escritorio a su estado inicial tras la desconexión del usuario, borrando cualquier cambio que hizo el usuario o cualquier tipo de malware. A menudo se pueden aplicar los parches de seguridad a nivel mundial a través de los escritorios virtuales con sólo unos clics del ratón. Además, incluso se puede introducir de manera significativa capas de aislamiento de aplicaciones y de datos, así como la definición estricta de qué usuarios de software están autorizados a operar. Todas estas funciones son posibles hasta cierto punto con los escritorios físicos, pero con los escritorios virtuales se hacen más manejables, flexibles y seguros.

Propuesta de valor:

Los escritorios virtuales ofrecen mejoras significativas en la seguridad, específicamente al permitir un acceso más seguro a la gestión, los escritorios, las aplicaciones y los datos de usuario.

Ejemplo #4: Productividad de los Empleados

Las conversaciones sobre la productividad de los empleados dependerán en gran parte del estado actual del entorno de los puestos de trabajo de su empresa. Si está en una organización donde el puesto de trabajo es un éxito, los empleados ya tienen una buena experiencia de usuario. En este caso, los temas de discusión se centrarán en una mayor capacidad y mayor flexibilidad. Si está en un ambiente donde se desprecia el escritorio de los usuarios, el foco de la conversación sobre todo girará en torno a una mayor fiabilidad, dejando los demás aspectos como temas secundarios.

Como con cualquier solución técnica, la fiabilidad también trae una gran cantidad de "SI" con ella.

- *SI el sistema está bien diseñado, puede tener una solución de escritorio virtual muy fiable.*

- *SI el sistema se gestiona bien, habrá pocos cortes y errores administrativos.*

- *SI el servicio de soporte está formado y dispone del personal adecuado, la frustración de los usuarios será mínima.*

Sí, varios párrafos podrían estar llenos de "SI", pero ya que ha leído los capítulos anteriores, entenderá estos puntos. **La fiabilidad debe ser el resultado final de todas y todos los aspectos de un sistema de escritorio virtual.**

Dado que este es el caso, la fiabilidad debe ser un punto importante en todas las conversaciones con el personal directivo, y ser la primera o segunda exigencia en su agenda. Una vez que es abordado, se pueden realizar una serie de cálculos para comprender e informar lo que significa una mayor productividad para su empresa.

Cuando se presentan los efectos positivos de los escritorios virtuales tales como mejores capacidades de control remoto, la reducción de incidentes de soporte, una mayor fiabilidad y un mejor aislamiento, utilice los datos que dispone su empresa para realizar sus cálculos. Por ejemplo, ¿Cuánto cuesta un día de productividad de una oficina que está cerrada varias veces al año debido a las inclemencias del tiempo? ¿Cuánto cuesta mantener a un empleado muy cualificado reubicándole en lugar de verse obligados a renunciar de su trabajo?

La restauración de la productividad y la retención de los empleados valiosos son aspectos intangibles difíciles de calcular, pero siguen siendo muy relevantes. Estos intangibles, incluso la fiabilidad en general, deben ser considerados como aspectos macro de los escritorios virtuales.

La experiencia que ofrecen los escritorios virtuales también tiene muchos aspectos pequeños, tales como el tiempo que tarda en desplegarse el menú de inicio tras hacer un clic sobre él o cuánto tiempo tarda en iniciar un programa o en realizar una función. Si bien estos aspectos pueden parecer insignificantes de manera individual, los componentes se suman rápidamente y se ve su efecto.

Se deben establecer las capacidades de monitoreo y la elaboración de informes. Además, una planificación adecuada es esencial si el sistema se escalará para dar cabida a más usuarios y/o nuevo software. Escalar el sistema o introducir un nuevo software puede tener un impacto negativo en la interfaz del usuario, en el rendimiento general de los escritorios virtuales y en la productividad de los empleados.

Propuesta de valor:

Con un sistema de escritorio virtual confiable, puede haber ganancias cuantificables en la productividad de los empleados.

Por qué la Comunicación = Éxito

La comunicación es esencial. Esto hay que enfatizarlo al máximo. Cualquier proyecto que afecte a una parte importante de una empresa, debe mantener una comunicación entre las partes afectadas. Por su propia naturaleza, los escritorios virtuales representan un riesgo enorme para su empresa si no son implementados y gestionados correctamente. En los capítulos anteriores hemos hablado sobre los usuarios, hemos utilizado las tecnologías adecuadas, hemos evaluado el entorno existente y se ha evaluado adecuadamente el diseño. Ninguno de estos pasos importa si los responsables del proyecto no se comunican con las personas adecuadas en el momento adecuado.

Es necesario hablar con las partes afectadas al inicio del proyecto aunque sólo sea para hacer presentaciones, establecer expectativas, responder a preguntas y crear confianza. A lo largo del proceso de implementación, los responsables del proyecto estarán involucrados en los circuitos de retroalimentación en todos los niveles técnicos, de gestión y de usuario. Hablando *con*, en lugar de *a*, las partes afectadas dará como resultado un mayor éxito y una mayor colaboración en la implementación del proyecto. Los responsables del proyecto de escritorio virtual deben considerar a todas las partes afectadas y valorar sus aportaciones y recomendaciones de manera apropiada.

Tal y como se mencionó anteriormente, una mayor comunicación puede llevar a un aumento de las necesidades. Para organizaciones grandes, esto podría desafiar a la dirección del proyecto debido a la complejidad y al volumen de trabajo. Acotar el alcance del proyecto puede resolver este problema. Listando las características y deseos de manera comprensible y desarrollando un análisis de los costes de los beneficios, podrá determinar las características que se deben contemplar. Distribuya esa lista en fases haciendo que las partes implicadas participen en el proceso de planificación del proyecto.

Una adecuada comunicación conduce a una reducción del riesgo, a un diseño más adecuado, a un proyecto mejor definido, a una comprensión de los beneficios, a expectativas más precisas y al apoyo y a la confianza de los participantes. Si todavía duda del valor de la comunicación y la participación, conteste a esta pregunta:

"¿Le gustaría implementar una solución de escritorios virtuales con un diseño minucioso, con un personal que cree en el proyecto y que aprecia los beneficios que ofrece?" ¡Por supuesto que sí!

Conclusión:
Que Comience el Juego

¡Qué momento tan emocionante para los escritorios! Están siendo recreados y transformados a un ritmo asombroso. El escritorio virtual es una parte de ese cambio, un nuevo estado de escritorio creado con muchas tecnologías diferentes. Aunque no hay duda que se ha dado un "punto de inflexión" en la evolución del escritorio, de alguna manera estamos en las primeras etapas de esta aventura. Se están anunciando nuevos y mejorados productos. Algunos de los nuevos desarrollos de los escritorios virtuales tendrán enormes implicaciones en el futuro de esta tecnología, así como en el futuro de las personas y empresas que las utilizan.

Para la gente que utiliza los escritorios virtuales en su trabajo, una buena implementación será aquella en la que los usuarios apenas noten los cambios. En realidad, esto significa que el sistema operativo, las aplicaciones y los datos de los usuarios parecen ser ejecutados en el propio puesto de trabajo del empleado. El estado final perfecto consiste en la alineación del diseño y el valor de los escritorios virtuales con los casos de uso de los usuarios. Los usuarios deben ser capaces de hacer cosas que no eran capaces de hacer antes. Deberían disfrutar de un escritorio mejor; uno que les permita aumentar su productividad.

Las categorías técnicas de alto nivel que se describen en el capítulo dos tienen niveles más detallados que no se discuten en este libro. Cada una de las categorías técnicas está llena de numerosas compañías que venden productos o servicios para atender las necesidades del mercado. Algunos de estos productos tienen muchas características que permiten su uso en casi todos los casos de uso imaginables. El personal técnico puede necesitar cientos de horas para llegar a dominar su uso. Es posible que se necesiten miles de horas para implementar adecuadamente estas soluciones en su empresa. Teniendo en cuenta este obstáculo, otros "productos específicos" del mercado están diseñados para resolver las necesidades específicas de una manera simple y directa. Si la implementación de una suite completa de productos técnicos parece demasiado complejo para su empresa, considere algunas de estas opciones más simples.

Cada decisión tomada acerca de estas tecnologías debe incluir una comprensión de las consecuencias directas de esta decisión en la empresa, los usuarios y los administradores. El usuario final se sitúa en la cúspide del proyecto. Aunque hay todo tipo de propuestas de valor y razones para virtualizar el escritorio, no puede olvidar que los *usuarios* son los consumidores de esta tecnología. Es importante que todos los involucrados en un proyecto de escritorio virtual sean conscientes de que una buena adopción de la tecnología en la comunidad de usuarios es absolutamente crucial para el éxito del proyecto. La necesidad de *cuantificar* la productividad de una experiencia de usuario debería ir a la par de otros objetivos del proyecto.

A medida que comience a recorrer el camino hacia los escritorios virtuales, considere el uso de los criterios de éxito para definir la finalización del proyecto. Antes de la fase de evaluación, los criterios de éxito serán las declaraciones iniciales carentes de una definición estricta. Después de la evaluación, habrá un conjunto más amplio de criterios de éxito mucho más precisos. La fase de análisis de diseño documentará una solución y preparará a la organización para entrar en la fase de prueba de concepto.

A lo largo de las fases de la prueba de concepto de un proyecto de escritorios virtuales, se adquieren conocimientos que pueden finalizar en condiciones para los criterios de éxito. Una vez que la prueba de concepto ha sido completada, el sistema estará listo para ser puesto a prueba con los usuarios *reales*.

La fase piloto normalmente es un conjunto de expansiones, comenzando con pequeños logros técnicos y expandiéndose en incrementos cada vez mayores. La fase piloto no debe terminar en una línea de tiempo, sino que cuando todos los criterios de éxito del proyecto se han cumplido. El final de un proyecto piloto consiste en un plan de transición en el que se expande el sistema diseñado a todo el conjunto de usuarios. La transición de la fase piloto a la producción.

La calidad de un proyecto de escritorio virtual dependerá de la calidad del trabajo realizado durante la evaluación y las fases de diseño. Las organizaciones deben realizar una evaluación del entorno del escritorio actual para cuantificar la información más importante acerca de los usuarios de una empresa, las aplicaciones, los datos y los equipos físicos. Esta información se combina con la información clave del personal de soporte y expertos en la materia – puede ser totalmente analizada. El análisis de la información de evaluación le ayudará a reducir el número de supuestos y riesgos del proyecto.

El análisis de la evaluación nos lleva a los requerimientos formales del proyecto. Una vez que los requisitos del proyecto son resumidos, la información de la evaluación se usa para ayudar con el diseño de la solución. El proceso de análisis del diseño permite a los responsables entender las relaciones existentes entre los requerimientos del proyecto y una solución para la implementación. El examen de estas relaciones reduce aún más los supuestos y los riesgos del proyecto, y al mismo tiempo mejora el diseño de los escritorios virtuales.

Un buen diseño de escritorio virtual garantiza que la prueba de concepto no sea un esfuerzo inútil. El propósito de una prueba de concepto es demostrar que la tecnología puede, en realidad, resolver una serie de problemas de negocio. Esto requiere que los problemas de negocio sean lo más exactos posibles. Las pruebas de concepto que demuestran las funcionalidades básicas de los escritorios virtuales sólo son valiosos si eso es lo que se define en los criterios de éxito del proyecto, por lo tanto, representa lo que el usuario final realmente va a utilizar. Si hay dudas acerca de si su organización está preparada para ejecutar una prueba de concepto, considere agregar el paso de una prueba de tecnología entre el diseño y la prueba de concepto. Esto validará y probará el uso de una tecnología en una manera específica.

La comunicación entre todas las partes involucradas es fundamental en todas las etapas del proyecto. Además del personal técnico, incluya representantes de todos los equipos involucrados en el proyecto. Estudie la forma de educar y explicar cómo la transición a los escritorios virtuales afectará a los procesos de negocio y a los empleados. Involucre e informe sobre el proyecto desde su inicio. Planifique la comunicación con los usuarios finales durante las últimas etapas de una implementación de escritorios virtuales. Disponga de un plan de comunicación detallado y retroalimentese durante la prueba de concepto y las fases piloto.

Nota del autor...

Y con esto, ha llegado al final de este libro y al comienzo de la aventura de su cambio. Sinceramente espero que haya disfrutado aprendiendo sobre el apasionante mundo de los escritorios virtuales tanto como yo he disfrutado escribiendo sobre ella. Por favor, póngase en contacto conmigo personalmente para cualquier comentario o pregunta. Encontrará la información de contacto en la página web de este libro www.demystifyingthevirtualdesktop.com. Le deseo mucho éxito en sus futuros proyectos de escritorios virtuales.

- Michael

www.ingramcontent.com/pod-product-compliance
Lightning Source LLC
LaVergne TN
LVHW052302060326
832902LV00021B/3670